Reforma Tributária em Questão

Reforma Tributária em Questão

Lauro Morhy
(Organizador)

Co-organizadores
Marcos Formiga
Regina Marques
Tânia Costa
Amado Luiz Cervo

Universidade de Brasília
Laboratório de Estudos do Futuro/Gabinete do Reitor
Editora Universidade de Brasília
2003

Equipe editorial:
Regina Marques - Editora Responsável
Formatos Design Gráfico - Projeto Gráfico e Editoração eletrônica. Capa e Aberturas sobre ilustrações de Richard Cook - *Getty Images*

Impresso no Brasil

Direitos Exclusivos para esta edição:
Editora Universidade de Brasília
SCS Q. 02, Bloco C, nº 78
Ed. OK, 2º andar
70300-500 Brasília - DF
Tel: (0xx61) 226-6874
Fax: (0xx61) 225-5611
Editora@unb.br

Ficha catalográfica elaborada pela Biblioteca Central da Universidade de Brasília

---

R332 Reforma tributária em questão / Lauro Morhy ... [et al.] (organizadores). – Brasília : Editora Universidade de Brasília, 2003.
296p. : il.

ISBN 85-230-0748-2

1. Sistema tributário – reforma. 2. Política fiscal. I. Morhy, Lauro.

CDU – 336.2(81)

Sumário

Lauro Morhy

Apresentação

Reforma Tributária e a Universidade Pública

Lauro Morhy

A palavra tributo tem origem latina *(tributu)*. O seu primeiro significado era de transferência de riqueza que um Estado fazia como pagamento a outro em sinal de dependência. Os romanos tributavam as províncias. O ato de tributar compreende a imposição de impostos ou taxas.

Na modernidade, o que se chamava tributo passou a compreender transferência. Por exemplo, as transferências da União para os Estados e para os Municípios. O termo tributo tem o significado atual de imposto ou contribuição, o pagamento ao Estado pelos bens e serviços que são adquiridos das empresas, ou o pagamento por uma série de serviços prestados pelo Estado, tais como o acesso a serviços básicos de educação, saúde, segurança pública, justiça, saneamento, transportes, etc.

A organização moderna do Estado fez do seu arcabouço institucional um crescente cobrador de impostos para financiar as funções essenciais da competência do poder público, nos três níveis: federal, estadual e municipal.

O tema, a princípio, do domínio dos legisladores, juristas e gestores públicos, paulatinamente sai da esfera governamental e passa à co-responsabilidade dos cidadãos. Ônus e bônus, direitos e obrigações. As duas faces do tributo.

Lauro Morhy é Reitor da Universidade de Brasília. Doutor em Biologia Molecular pela Escola Paulista de Medicina (Unifesp). Fundou o Centro Brasileiro de Serviços e Pesquisas em Proteínas e criou o Programa de Avaliação Seriada - PAS, como uma nova forma de ingresso à UnB.

É exatamente este duplo sentido que justifica completamente a reflexão da Universidade de Brasília dentro da série iniciada por "Brasil em Questão", seguida por "Reforma da Previdência em Questão" e agora em sua terceira versão, "Reforma Tributária em Questão". A junção do pensamento crítico-reflexivo próprio à Universidade, com a iniciativa marcante de um programa editorial já bem sucedido, lançado pela Editora da UnB.

A atualização permanente do pensamento universitário em relação aos grandes temas da sociedade brasileira, faz com que a celeridade e a quase simultaneidade estejam constantemente abastecendo esta discussão. Até porque, sendo a UnB uma Universidade pública, mantida com recursos da União, a sua fonte geradora de financiamento tem a origem nos tributos pagos pelos cidadãos. Aquilo que inicialmente constituía-se um *ônus*, transforma-se em *bônus*, pela qualidade dos serviços de aprendizagem e pela produção científica advinda dos seus professores-pesquisadores e alunos-aprendizes

A partir do Seminário sobre a "Reforma Tributária" realizado na UnB em 27 de junho próximo passado, esta publicação registra todas as participações daquele evento, e inclui uma plêiade de estudiosos, pesquisadores, especialistas, políticos, dirigentes públicos e privados, que enriquecem o conteúdo do Seminário com suas reflexões sobre o tema.

O resultado vai muito além de uma contribuição acadêmica da UnB ao debate nacional sobre a polêmica Reforma Tributária.

Repetir-se-á, com certeza, a enorme receptividade registrada com os volumes anteriores da série. A propósito, "Reforma da Previdência" lançado dois meses antes da primeira votação da PEC-40 na Câmara Federal, foi consultado como uma espécie de *Vademecum*, por se constituir na mais abrangente publicação sobre o tema no momento, abrigando plenamente as mais diversas opiniões.

Agora, é a vez da mais controvertida das reformas propostas pelo novo governo. O livro "Império", de Michael Hardt e Antonio Negri (Ed. Record, 2000) em análise feita pelo Prof. José Arthur Giannotti, ilustra esta afirmativa: "a nova soberania funda-se agora na construção de caminhos e limites de novos fluxos globais, responsáveis pela construção da própria vida social, na qual o econômico, o político e o cultural cada vez mais se sobrepõem e se completam". A controvérsia está no âmago da questão tributária. A Reforma interessa a todos os brasileiros, mas vai além do interesse nacional. Os parceiros econômicos e comerciais, os investidores internacionais e até os especuladores, sempre ávidos por lucros fáceis, observam o Brasil e esperam pelas decisões dos nossos legisladores.

Hardt e Negri, novamente citados, afirmam que "a origem da diferenciação e acumulação da riqueza social se encontra atualmente na capacidade de produzir". E por acréscimo, a capacidade de produzir é função interdependente da carga tributária. Ao se defender a "Reforma Tributária" toda a coletividade busca a racionalidade econômica por meio de uma diminuição e adequação dos tributos, uma vez que a carga pesada sobre o contribuinte brasileiro (hoje, superior a 1/3 do PIB anual), tem sido em parte responsável pelo travamento da economia e pelas justificadas reclamações, uma vez que os valores arrecadados pelos governos, não retornam aos cidadãos-contribuintes sob a forma de serviços de qualidade.

A marcha lenta do crescimento na América Latina nos últimos anos, acompanhada de perto pelo tímido desempenho do Brasil está relacionada também à desaceleração da economia mundial e à queda no fluxo de investimentos produtivos. São constatações da CEPAL, que estipula para o Brasil, no ano em curso, uma queda de 23% do total do IDE (Investimento Direto Estrangeiro), ou seja, de US$39 bilhões em 2002, para US$30 bilhões em 2003.

Nos últimos dez anos, a fatia da renda nacional destinada a impostos, contribuições e taxas diversas, subiu de 25% para a casa de 35% do Produto Interno Bruto. Para efeito de comparação, na nossa vizinha Argentina esta proporção está um pouco acima de 20% do PIB. Sabidamente, o Brasil atravessa uma longa crise fiscal, cuja visibilidade maior é uma dívida pública equivalente a 55% do PIB. Este dado é um sinalizador importante da quase impossibilidade de se reduzir a atual arrecadação. Os empresários, homens pragmáticos, defendem a Reforma Tributária sem aumento da carga tributária, a mobilização da "Ação Empresarial", que reúne as seis principais confederações, estão mobilizadas neste sentido.

Se não for possível pré-definir uma carga tributária "ideal", que se busque melhorar a qualidade dos impostos, hoje plena de iniqüidades.

Neste volume estão registradas diversas opiniões, algumas consensuais, outras contraditórias. Para referenciar a leitura dos artigos, incluímos, em anexos, a proposta de Emenda à Constituição sobre a Reforma Tributária encaminhada ao Congresso Nacional, seguida pela Exposição de Motivos desta. E, complementando, o Relatório Consolidado do Conselho de Desenvolvimento Econômico e Social referente à Reforma Tributária.

O objetivo da UnB, de trazer o debate ao grande público e documentá-lo, tornou-se realidade devido à prontidão dos autores em contribuir de forma afirmativa*. Expressamos a eles nossa profunda gratidão, certos de que a construção de um País socialmente mais justo requer um esforço coletivo.

Brasília, 15 de agosto de 2003.

* Todos os textos refletem a opinião pessoal de seus autores.

A Questão é Mais Ampla que Simples e Ilusórias Reformas

Dércio Garcia Munhoz

Introdução

O tema da reforma tributária, tanto quanto a questão da previdência social, também atravessou toda a década de 90 e introduziu-se no novo milênio apontado sempre como prioritário e essencial. Uma inquestionável panacéia para os problemas que o País vem enfrentando, e que condenaram a economia a taxas medíocres de crescimento nas últimas décadas.

Desde os anos 80 diferentes governos tem extravasado preocupações com a questão fiscal, tendo sido recorrentes as medidas do Executivo ora buscando aumentar as receitas, ora reduzir despesas. Fenômeno que sintomaticamente se fizeram presentes desde que, ainda em 1981, o Governo passou a praticar uma política de juros elevados, no contexto do programa de ajuste das contas externas e dentro dos modelos ortodoxos prescritos pelo FMI. Juros elevados provocando rápido aumento da dívida pública, daí decorrendo aumento dos encargos financeiros do Tesouro, e em seqüência a procura de formas que propiciassem aumento das receitas e redução de despesas.

Dércio Garcia Munhoz – Economista. Professor Titular do Departamento de Economia da UnB até 1996. Foi Presidente do Conselho Federal de Economia e do Conselho Superior da Previdência Social.

Observados tais antecedentes se torna mais fácil compreender a sucessão de pacotes fiscais nas duas mais recentes décadas. Pois sem contar as mudanças de caráter fiscal que precederam ou acompanharam os planos de estabilização Cruzado (medidas tomadas em novembro de 1985 e novembro de 1986), Bresser (junho de 1987) e Collor (março de 1990), ou ainda as amplas alterações trazidas pela reforma constitucional de 1988, logo em dezembro de 1991 o País se defrontaria com uma reforma tributária de emergência, ainda no Governo Collor.

Tratava-se, de fato, mais de uma reforma fiscal, pois ao lado do pretendido aumento de receitas equivalente a US$ 12,9 bilhões (3,0% do PIB), também procurava uma redução de despesas da ordem de US$ 4,0 bilhões. E se tratava de uma reforma de emergência porque a verdadeira reforma pretendida pelo Governo Federal ainda estava em gestação. E uma vez concluída a proposta, em junho de 1992, revelava, como sempre, o objetivo de um efeito fiscal global da ordem de US$ 20,0 bilhões (5,0% do PIB), entre elevação de receitas e redução de despesas.

No decorrer da fase de discussão dos itens sugeridos para a reforma tributária, comandada pelo Governo, e que incluiu parlamentares e lideranças políticas do Congresso, se percebia que o encaminhamento da questão estava irremediavelmente travado pelo conflito de interesses que envolvia as mudanças: o Governo Federal pretendia aumento das receitas; o mesmo queriam os governadores e prefeitos, marginalizados quando a Constituição criou como fontes de receitas federais contribuições sociais exclusivas para a área federal, não repartíveis entre Estados e Municípios; a indústria pretendia que tributos como o IPI e ICMS passassem a ser recolhidos de uma só vez na ponta do comércio; este, por sua vez, defendia que o recolhimento fosse feito por antecipação quando das vendas pela indústria; os assalariados defendiam uma redução da carga fiscal. A renúncia do Presidente impediu que a proposta em gestação pudesse passar por um debate mais amplo e mais longo.

Aparentemente pretendendo romper o impasse, o deputado Germano Rigotto apresentou um Projeto de Emenda Constitucional em 1992 (PEC 110/1992), por meio do qual pretendia promover um *ajuste fiscal* – o que significa aumento das receitas – e uma unificação do número de tributos, que seria reduzido de quinze para apenas oito. Tentativa frustrada, tanto porque o Presidente Itamar desempenhava um mandato-tampão, como porque permaneciam os interesses conflitantes.

As Propostas de Reforma Tributária nos Tempos do Real

O novo governo iniciado em 1995, e que já estudava a questão das reformas tributária e da previdência desde antes da posse (pois a equipe já ocupava a área econômica no governo Itamar), apresentou sem mais delongas o seu projeto de reforma tributária (PEC 175/1995), que passou a ser apreciada pelas comissões legislativas juntamente com a PEC 110/1992, apensada ao novo projeto juntamente com outras PEC´s menos abrangentes.

Antes que se pudesse avançar na discussão da nova proposta, o Executivo surpreende a todos fazendo divulgar na imprensa, simultaneamente, em meados de 1997, *duas novas propostas de reforma tributária* – uma elaborada pelo Ministério da Fazenda, e outra de autoria do Ministério do Planejamento. Logo em seguida o Secretário-Executivo do Ministério da Fazenda apresentaria na Comissão Especial que apreciava a PEC 175/1995 – que assim era sepultada sem pompas – "... um esboço de proposta de reforma tributária, acrescido de sugestão de normas referentes aos gastos, o que o transforma em verdadeira proposta de reforma fiscal" [1]. O novo estudo previa, dentre outras mudanças, a extinção das chamadas contribuições sociais (Confins, Contribuição Social sobre Lucro Líquido e Pis/Pasep), e dos principais tributos dos Estados e Municípios (ICMS e ISS), enquanto paralelamente criava múltiplos IVA´s (imposto sobre vendas a varejo) – um no âmbito federal, outro no estadual e ainda um terceiro no nível municipal. E, se fora pouca a confusão criada, em junho de 1998 a Secretaria da Receita Federal divulgaria um novo estudo de reforma tributária, enquanto em novembro do mesmo ano o próprio Ministro da Fazenda apresentaria outra proposta ao Congresso.

Se acima de tudo o encaminhamento da questão sofria os óbices observados deste o início da década, dada a abrangência dos interesses em choque, *havia de parte do governo federal um intuito muito claro de não deixar avançar a discussão da questão tributária no Congresso* pela simples razão de que, *sob a ótica dos seus verdadeiros objetivos, a reforma já fora executada e inclusive consolidada*. Pois enquanto o tema esteve em pauta ao longo de toda a década, sem um avanço que transparecesse a possibilidade de aprovação, o Governo Federal aumentava de forma acelerada a arrecadação de tributos, baseada especialmente no crescimento da arrecadação de contribuições – Tabela I; o que atendia ao objetivo de aumentar as receitas de forma a enfrentar os encargos crescentes com os juros de uma dívida pública também crescente, fruto da política de sustentação artificial do Plano Real.

Tabela I – Carga Tributária Federal e Receitas de Contribuições

Ano	Carga Tributária Federal - % s/o PIB	Receitas de Contribuições- % s/Rec. Tesouro
1992	16,7	22,8
1995	18,9	32,5
1998	19,9	31,6
2002	23,4	43,7

Fonte: IBGE-Contas Nacionais

Nota: Receitas de impostos, taxas e contribuições, inclusive arrecadação da previdência social

O que se observa, portanto, é que o Governo Federal jamais concordou em avançar na discussão da reforma tributária porque não pretendia abrir mão de parte dos ganhos tributários obtidos ao longo dos anos 90 com as receitas de contribuições – que em 2002 já representavam perto de 45,0% do total de receitas fiscais – o que equivalia a aproximadamente sete pontos de percentagem do PIB, ou cem bilhões de reais (US$ 30,0 bilhões). Essa a razão porque o assunto praticamente saíra de pauta após os novos desencontros provocados pelo último estudo que o Ministro da Fazenda apresentou em agosto de 2000 ao Presidente da Câmara; e que nunca chegou a se materializar numa nova Proposta de Emenda Constitucional que viesse a substituir a PEC 175, de 1995. A despeito do que a Comissão Especial de Reforma Tributária da Câmara dos Deputados chegou a concluir o seu Relatório Final ainda na legislatura terminada em 2002.

A Retomada do Tema com o Governo Atual

O novo Governo surpreende quando logo após empossado, e ainda em janeiro de 2003, coloca as reformas previdenciária e tributária como questões urgentes e prioritárias, repetindo o que tantas vezes ocorrera na administração anterior [2]; embora logo se percebesse que antes de uma convicção firmada, os rumos imprevisíveis decorriam das imposições do Fundo Monetário Internacional, colocadas em sucessivos acordos firmados pelo País, e, mais recentemente e com a concordância pública do candidato trabalhista, na renovação do acordo em setembro de 2002.

Certamente preocupados com a repetição das frustrações enfrentadas pelo Legislativo nos tempos do Plano Real, o atual Governador do Rio Grande do Sul, como Relator da Comissão de Reforma Tributária da Câmara na legislatura passada, e outros três governadores do PMDB, prepararam um documento a ser encaminhado ao Presidente da República, defendendo, dentre outros pontos, que o relatório final da comissão fosse o referencial para a discussão a ser retomada [3].

As primeiras declarações da área econômica faziam crer que a nova proposta da reforma tributária seguiria muitas idéias já antes apresentadas, como a criação de um IVA substituindo o ICMS. *Mas o interesse real do Governo Federal era, e é, tornar permanente a CPMF*, que contribui anualmente com mais de R$ 20,0 bilhões de receitas. E não se pode dizer que a proposta de emenda constitucional apresentada pelo Governo (PEC 41/2003) tenha inovações substanciais:

a) propõe a uniformização do ICMS com cinco alíquotas, caráter de seletividade, cobrança na origem (produção) mas com destinação das receitas parte na origem e parte no destino (consumo);
b) veda a concessão de incentivos fiscais através do ICMS;
c) transforma a CPMF em tributo permanente;
d) autoriza alíquotas progressivas para o imposto de transmissão intervivos;

e) transfere a arrecadação do imposto territorial rural para os Estados;
f) possibilita que se substitua o financiamento da previdência social com tributos sobre receita ou faturamento, desonerando a folha de salários.

A nova proposta abandona tentativas anteriores de consolidar num único imposto os tributos que atualmente gravam a produção, distribuição e prestação de serviços (IPI, ICMS, ISS, Confins, Pis/Pasep), o que torna menos ambiciosa e mais realista a mudança pretendida. Mas medidas tais como a transferência do ITR para os Estados deve ser inócua, e visaria em verdade contornar os inevitáveis desgastes políticos para um partido historicamente reformista e que agora se defronta com um tributo cujas receitas não se elevaram, e permanecem estagnadas, mesmo quando, no governo anterior, pesadíssimas alíquotas foram criadas para terras improdutivas, numa tentativa ingênua de assim encontrar o caminho para a reforma agrária.

Também com relação ao financiamento da previdência social é redundante falar-se na criação de tributos que substituam contribuições sobre a folha de salários, uma vez que tal inovação já foi introduzida na Constituição de 1988, com as fontes de financiamento para o grupo seguridade social, dentro do qual se enquadra o FAT, a previdência, a assistência social e a saúde. *Fontes alternativas de financiamento baseadas no lucro das empresas e no faturamento já existem previstas em lei, e inclusive tem eficácia arrecadadora*, tendo contribuído o núcleo Confins, CSSLL e CPMF, no ano de 2002, com R$ 86,0 bilhões de recursos para a seguridade saúde, assistência social e previdência social [4], dos quais apenas R$ 17,0 bilhões para a previdência, e assim mesmo para cobrir parte dos gastos assistenciais com a previdência rural (que praticamente não dispõe de receitas próprias) e com a renda mensal vitalícia que o INSS paga a idosos e inválidos de baixa renda. Ocorre que, em lugar de serem aliviadas as contribuições das empresas sobre a folha de salários, ao se dispor de formas diversificadas de financiamento – *pois a duplicidade de fontes criou uma situação de excesso de receitas no orçamento da seguridade social – o Governo passou a utilizar parcelas crescentes de tais recursos para outros fins*, chegando inclusive à desvinculação de 20,0% dos valores arrecadados com finalidade específica. E, mais grave ainda, inicialmente o Governo desviava recursos excedentes; *mas posteriormente passou a criar excedentes de forma artificial, ao partir para a sucessiva retirada de benefícios, ou aumento de exigências para acesso a benefícios do INSS – como a desastrada reforma da previdência de 1998 – a fim de reduzir despesas*. Essa, aliás, uma questão fundamental, *que deveria estar presidindo as discussões que pautam o encaminhamento tanto da reforma tributária como, e em especial, da reforma da previdência*[5].

O desejo de eliminar a cumulatividade dos tributos – um sonho antigo – parece continuar inacessível pelas mesmas razões que impediram iguais tentativas anteriores quando se discutia a reforma, *pois os tributos com o caráter de cumulatividade* – tais como o Confins, PIS, CPMF e ISS, *têm um peso muito grande na arrecadação das três esferas de Governo* – mais de R$ 100,0 bilhões, *o que dificulta o encontro de formas alternativas de tributação com alíquotas em níveis operacionalizáveis num sistema de incidência sobre o valor agregado.*

Pode-se agora avançar em um ou outro ponto. *Mas na essência os problemas financeiros do setor público não serão solucionados nem pela reforma tributária, e nem pela reforma previdenciária.* Já que esses caminhos, que sucessivos governos tem recorrido apenas para "preencher a pauta" e desviar a atenção de outras questões fundamentais[6], *nada mais representam que não uma ilusória "em busca do pássaro azul"*; pois os problemas dos desarranjos financeiros têm natureza diversa, e estão mais no lado do endividamento do setor público – governos federal e estaduais, como fruto direto ou indireto da política de sustentação do Plano Real e da privatização altamente onerosa dos bancos estaduais. *Não havendo saída pelo lado do aumento das receitas, da modernização tributária, ou de novos avanços no caminho do desmantelamento completo do sistema previdenciário.*

Os Caminhos Alternativos

Existem problemas financeiros extremamente graves tanto na área federal como no lado dos Estados. Estes prejudicados pela política de elevadas taxas de juros praticadas na sustentação do Plano Real, o que fez aumentar rapidamente a dívida dos Estados; situação agravada com o programa de privatização dos bancos estaduais, em cujo processo os governos regionais foram obrigados a assumir dívidas para o fim de: (a) sanear financeiramente os bancos de modo jamais visto na industria bancária, *repassando-se para os governos estaduais o ônus pela cobertura de todas as operações vencidas*, independentemente do tempo de atraso ou da viabilidade de recuperação dos empréstimos pendentes de recebimento; (b) *fazer aporte de capital antes da venda*, de forma a aumentar o patrimônio líquido de instituições que seriam repassadas a terceiros numa inacreditável situação de, além de capitalizados, contarem com *ausência de ativos em situação de inadimplência*.

Como os Estados não teriam condições de honrar os vultosos compromissos derivados do grande endividamento imposto pelas políticas de juros e de privatização dos bancos, *o Governo Federal refinanciou as dívidas estaduais – que de fato não se podia imputar integralmente aos Estados* – numa medida baseada no temor de que o provável *default* comprometesse o crédito externo do País; mas impôs condições de pagamento insuportáveis para os devedores, que mesmo comprometendo entre 12,0% e 15,0% da receita líquida, não conseguiram estancar o crescimento da dívida, que praticamente dobrou, em relação à principal fonte de receitas fiscais (ICMS) entre 1994 e 2002 – Tabela II.

Tabela II – Finanças dos Estados - Dívida Líquida e Receitas do ICMS –1994 a 2002

Ano	Dívida Líquida -R$ bilhões- (A)	ICMS - Receita -R$ bilhões-(B)	A/B
1994	51,1	25,7	1,5
1995	72,5	47,2	1,5
1997	115,9	59,6	1.9
1999	170,8	67,9	2,5
2002	293,0	105,0	2,8

Fonte: Boletins do Banco Central

Os Estados ficaram, assim, financeiramente estrangulados, impedidos pela Constituição de criar contribuições sociais tão ao gosto do Governo Federal, e receberam a camisa de força da Lei de Responsabilidade Fiscal – *uma legislação falaciosa onde ao governo federal tudo se permite* – emissões de papel moeda, emissão de títulos da dívida interna, emissão de títulos no exterior, empréstimos bancários, enquanto os Estados permanecem interditos em questões de finanças públicas. Conclui-se, assim, o elo de medidas na área federal que estrangulariam financeiramente os Estados, tornariam os governadores dependentes financeiros e reféns do Governo Federal, *criando-se desse modo a figura submissa dos "aliados incondicionais" do poder central.*

Como se pode depreender, esse quadro de deterioração das relações federativas requer medidas de natureza diversa, que não a simples criação de novos tributos ou o sacrifício ainda maior de servidores públicos já penalizados, como todos os assalariados brasileiros, por uma situação nunca antes presenciada no pós–guerra – *a inexistência de lei salarial que garanta a recomposição dos salários em situação de inflação elevada e indexação generalizada na economia.*

O que os Estados deveriam estar pleiteando, inclusive para o restabelecimento dos princípios básicos do regime federativo, *seria a desafogo financeiro imediato* a partir de medidas tais como:

a) revisão das origens da dívida dos Estados, recalculando-se desde 1995 as taxas de juros exorbitantes pagas em razão da política federal, deduzindo-se ainda os compromissos derivados do processo de privatização dos bancos, e expurgando-se o excesso de correção monetária dos últimos três anos, comparativamente ao indexador aplicado pelo Tesouro em títulos federais;
b) criação de um fundo previdenciário para o Governo Federal, Estados e Municípios, para ajudar a cobrir os encargos com o passivo previdenciário, utilizando-se para isso parte do saldo acumulado de recursos do FAT (R$ 90,0 bilhões) que corresponda à parcela do Pasep nas receitas do Pis/Pasep;
c) destinação para o mesmo fundo previdenciário dos recolhimentos correntes de origem Pasep;
d) transferência para o mesmo fundo previdenciário dos ganhos correspondentes ao papel moeda emitido, que desde 1985, quando retirados dos fundos de suporte do crédito rural, foram transformados em repasse automático ao Banco Central como

receita extraorçamentária – ou em passivo não exigível e de custo zero; o que proporcionou ao BC, de 1986 a 2002, um ganho de *senhoriagem*, equivalente a US$ 100,0 bilhões (dos quais em torno de um quarto foi transferido ao Tesouro), a ser acrescido dos ganhos obtidos com a circulação do dinheiro novo através da compra, pelo BC, de títulos federais, da aquisição de ouro, ou de empréstimos ao sistema bancário [7];

e) revisão da Lei de Responsabilidade Fiscal, devolvendo-se aos Estados e Municípios a responsabilidade pela gestão financeira plena, sob regras decididas pelo Senado, por proposta presidencial, e não com medidas baixadas através do poder espúrio hoje detido pelo Banco Central.

O Governo Federal deveria, antes de propor novas medidas voltadas para o aumento da carga tributária, ou de penalização de servidores públicos e trabalhadores em geral, rever suas próprias finanças, aumentando a transparência das informações, e libertando-se dos critérios que vem sendo impostos pelo Fundo Monetário Internacional. Afinal o FMI apoiou sem restrições, durante oito anos, uma política econômica que provocou ao País um desequilíbrio externo da ordem de US$ 200,0 bilhões e a um endividamento interno e externo incontrolável do Tesouro, que supera um trilhão mesmo quando compensados os créditos da renegociação da dívida estadual. Sugere-se, portanto, que antes da análise da situação financeira real do Governo Federal se proceda a uma ampla gama de medidas saneadoras, e se estabeleça condições que permitam uma política de crescimento econômico:

a) revisão dos critérios de apuração do endividamento público:
i) desconsiderar os recursos do FAT para o cálculo da dívida líquida, pois estes não constituem nem recursos e nem mesmo créditos do Tesouro;

ii) considerar no endividamento os títulos federais na carteira do Banco Central, adquiridos fundamentalmente com recursos de terceiros, deduzindo-se apenas os valores dos depósitos do Tesouro no BC;

iii) desconsiderar quaisquer valores dos balanços de empresas estatais, cujos ativos e passivos são "estoques" sem qualquer relação com o Tesouro[8];

b) inverter parâmetros financeiros do orçamento, de forma a priorizar recursos que garantam um nível mínimo de investimentos públicos, abrindo-se espaço para o crescimento da economia; ao assim retirar parte das travas ao crescimento, se abriria espaço para aumento das receitas e melhor administração dos encargos da dívida pública;

c) constituir o fundo previdenciário mencionado no tópico relativo aos Estados, com recursos do FAT e do Pasep, e do papel moeda emitido por decisão do Banco Central;

d) alterar as regras de relacionamento Tesouro/Banco Central (MP 1989), de forma a impedir que o Tesouro continue a cobrir automaticamente prejuízos que o banco venha a apurar em seus balanços;

e) alterar as regras de investimentos das empresas estatais – que deveriam ter apenas um programa de *metas físicas* para as inversões, aprovadas anualmente pelas Assembléias Legislativas ou pelo Congresso; eliminando-se o critério de considerar como déficits públicos quaisquer investimentos financiados por terceiros, já que tais empresas possuem personalidade jurídica diversa dos acionistas controladores, como também patrimônio próprio;

f) gerenciar a carga tributária, de forma a, com o crescimento econômico e conseqüente aumento real das receitas fiscais, paralelamente iniciar-se a redução e/ou eliminação de tributos para inicialmente reverter a pressão tributária a níveis em torno de 30,0% do PIB.

Todas essas questões passam, evidentemente, por uma mudança nas relações do País com o Fundo Monetário Internacional, recuperando-se a capacidade política para a formulação e execução de diretrizes econômicas. Mesmo porque a experiência brasileira após tantos anos de monitoramento, e ainda a desesperadora situação a que a política do Fundo levou a Argentina. São argumentos mais que suficientes para que o Brasil reveja as atitudes governamentais do passado recente, e avalie com mais cuidado o que pode representar a autonomia de decisões, como aquela que o presidente JK assegurou na segunda metade dos anos 50, livrando-se da tutela de uma instituição que, além do tudo, era a única fonte de financiamento de desequilíbrios no balanço de pagamentos no pós-guerra – o que lhe dava poderes totais sobre as economias dependentes. Tudo depende de que se tenha um projeto político para a Nação, discernimento para perceber que o monetarismo ortodoxo se dirige e se identifica com os interesses da especulação financeira – o chamado mercado, e que só os estadistas podem dirigir os faróis da Nação clareando a estrada do crescimento econômico e da inclusão social. Mas para se chegar a esse estágio é fundamental perceber que *o motor da economia chama-se massa de salários* – ou de rendas do trabalho, e sem a preservação destas não se assegurará nem o crescimento econômico, nem a estabilidade política e muito menos a estabilidade institucional. E se não revertida a estratégia atual, de completa marginalização dos trabalhadores para às suas custas manter a estabilização – provocando um dramático recuo do global dos salários em relação ao PIB, de 36,0% em 1993 para apenas

25,0% em 2002 – não haverá como impedir que o País venha a completar, num ciclo de trinta anos, a terceira década perdida.

Notas

[1] Ver, de autoria da Assessoria Legislativa da Câmara dos Deputados – Núcleo de Orçamento e Tributação, Observações Sobre a Proposta de Reforma Tributária Apresentada pelo Ministério da Fazenda, in Tributação em Revista, julho/setembro de 1997, p. 43-48./Brasília, julho/setembro de 1997, p. 43-48.

[2] Em determinado momento em que o Congresso não parecia convencido da validade da reforma previdenciária de 1998 – que desestruturaria a base da seguridade social brasileira (ao colocar a exigência de 35 anos de contribuição num País onde 20,0% da força de trabalho se encontra desempregada, e 40,0% dos empregados não tem registro em carteira), um ministro levianamente chegou a declarar aos jornais que só com a reforma se garantiria ao País um crescimento econômico de 4,5% ao ano. Era, como agora, "a reforma ou o caos".

[3] Uma síntese do documento foi publicada na Gazeta Mercantil de 14 de fevereiro de 2003.

[4] O amparo ao trabalhador, que faz parte do núcleo seguridade, tem como receita vinculada ao Pis/Pasep, que, aliás, fornece recursos em demasia, provocando a anomalia de o FAT – Fundo de Amparo ao Trabalhador, dispor de um saldo acumulado em torno de R$ 90,0 bilhões; a maior parcela decorre da aberração constitucional de mandar recolher diretamente no BNH e em nome do FAT, 40,0% do total arrecadado pelo tributo.

[5] E num atestado eloqüente de que o Governo incorre em profundos equívocos não só em relação à questão da reforma tributária como também quanto à previdência, os dados oficiais (Boletim Estatístico de Pessoal, Miniplan, dezembro de 2002) indicam que as despesas com pessoal ativo e inativo da União – que historicamente sempre se mantiveram num patamar mínimo de um terço do total das receitas correntes do Tesouro, em 1995 já haviam recuado para 29,8%; nos anos seguintes, como fruto do arrocho salarial dos servidores em atividade, e a não recomposição das perdas inflacionárias nos proventos dos inativos – práticas que marcaram todo o tempo do Plano Real, aquele coeficiente declinou rapidamente até 20,5% em 2001, com tendência de queda ainda maior em 2002.

[6] Como a ausência de política salarial que assegure a recomposição das perdas inflacionárias numa economia plenamente indexada e que provoca, nos seus desdobramentos, o empobrecimento das famílias e o desemprego maciço.

[7] Apenas no quinquênio 1998-2002 o Governo subsidiou o Banco Central em aproximadamente R$ 100,0 bilhões, entre prejuízos do BC transferidos para o Tesouro

e a apropriação do papel moeda emitido; sem contar os ganhos financeiros com a utilização do papel moeda emitido.

[8] Tesouro e estatais só se relacionam através de fluxos: aporte de recursos do Tesouro como acionista em aumentos de capital; pagamentos de juros do capital próprio e/ou dividendos pela empresa ao acionista União.

Um novo enfoque para os tributos

Ives Gandra da Silva Martins

Há alguns anos, mais precisamente em 1990, elaborei anteprojeto para reforma do sistema tributário, a pedido do Deputado Antônio Delfim Netto, o qual chegou a ser encampado pelo Governo do Estado de São Paulo para a Revisão Constitucional de 1993 e pelos então Deputados Renata Gordilho, Victor Faccioni e Germano Rigotto, além do Senador Gilberto Miranda.

O fracasso da referida Revisão enterrou a proposta de emenda subscrita por aqueles parlamentares. Como se rediscute o sistema tributário brasileiro, volto a proposta pretérita para provocar nova reflexão.

O sistema anterior

O Direito Tributário Brasileiro principiou a ganhar consistência sistêmica a partir da Emenda Constitucional nº 18/65. Anteriormente, apesar de já se ter desenvolvido, com razoável densidade, a técnica impositiva no concernente a alguns tributos, o certo é que faltava arcabouço capaz de harmonizar as diversas tendências, aspirações e necessidades dos diversos entes com competência para tributar.

Ives Gandra da Silva Martins – Professor Emérito das Universidades Mackenzie, Paulista e Escola de Comando e Estado Maior do Exército; Presidente do Conselho de Estudos Jurídicos da Federação do Comércio do Estado de São Paulo e do Centro de Extensão Universitária - CEU.

Os conflitos se sucediam, as formas tributárias eram utilizadas com imperfeições notórias, as garantias se diluíam em casuísmos surgidos da melancólica vocação da Federação brasileira em transformar os governantes em criadores de despesas úteis e inúteis a serem – apenas após sua projeção – cobertas pelas receitas fiscais.

Nesta linha de raciocínio, os abusos e ilegalidades geravam choques contínuos, com soluções penosas, quando não se consagrava o arbítrio e a impunidade, pelas poucas forças dos contribuintes em enfrentar os Erários, levando suas divergências às barras dos tribunais. Os pagadores de tributos, sem fôlego ou recursos para as grandes discussões judiciais, recolhiam o injusto, incentivando ainda mais o espocar de ilegalidades por parte dos governos, visto que poucos eram os que discutiam. Por outro lado, a própria lentidão da justiça dificultava aos poderes impositivos a cobrança judicial dos tributos legais em atraso ou sonegados, criando-se área de permanente e generalizada insatisfação. A tudo se acrescia o fato de que, à falta de um sistema constitucional tributário, os problemas se multiplicavam para contínuo desassossego entre fiscais e contribuintes, abrindo-se campo fértil aos ajustes entre eles, à margem do interesse nacional e de uma máquina fiscalizadora ainda não modernizada.

A Constituição de 1946 trazia alguns princípios constitucionais, porém veiculados de forma esparsa e inconsistente, em nível de sistema.

Uma reforma da Carta Magna era, portanto, necessidade imperiosa, imposta pelo crescimento nacional e pela complexidade decorrencial que a economia brasileira ganhava.

Os fundamentos básicos da referida reforma surgiram a partir da percepção do fenômeno federativo, que no Brasil, por outorgar competência impositiva aos Municípios, criava tríplice ordem de atuação autônoma, experiência inexistente no Direito Constitucional dos demais países com idêntica forma de Estado.

A Federação, portanto, constitui-se no primeiro elemento escultor do sistema. Objetivando regulá-la, assim como permitir que suas virtualidades crescessem e fossem corretamente aproveitadas, nasceu a Emenda Constitucional nº 18/65.

Por outro lado, a sistematização das espécies tributárias era uma exigência, visto que no desarmônico complexo anterior, taxas havia que invadiam as áreas pertinentes aos impostos, assim como contribuições que se confundiam com impostos e taxas, sobre não se definir com correção e adequação os fatos geradores dos diversos tributos.

A necessidade de um corpo de princípios e normas gerais revelou-se de aguda preocupação entre os aplicadores da legislação, razão pela qual o Código Tributário passou a ser o elemento segundo desse anseio por um sistema.

Por fim, prevaleceu também o desejo de orientar a própria conformação das finanças públicas, a partir de um dos três orçamentos, que é o fiscal, facilitando sua análise e aprovação legislativa, pela transparência do sistema.

A Emenda Constitucional nº 18/65 foi, portanto, a semente do CTN, veiculado, à época, como lei ordinária, mas recebendo, pouco depois, eficácia de lei complementar, quando da promulgação da Constituição de 1967.

O Sistema Tributário decorreu, portanto, do crescimento do país, de sua evolução econômica e dos anseios de fortalecimento da Federação, em uma concepção centralizadora, autônoma, mas não ao ponto de permitir o desequilíbrio impositivo, em nível de carga global a ser suportada pelo contribuinte.

Estou convencido que o sistema fora proposto à luz de uma visão que considerava a imposição norma de rejeição social, posto que sobre ser rígido, de um lado, objetivou ofertar à União – e aos demais entes tributantes – o poder de se orientar em sua política tributária, sem abrir mão da harmonia previamente estabelecida nos comandos constitucionais.

O CTN, portanto, passou a ser elemento de particular relevância na veiculação do sistema introduzido.

É o que passo a examinar a seguir.

O Código Tributário Nacional

Desde a década de 50 que eram preparados, no País, estudos para a conformação de um estatuto nacional do direito tributário. Rubens Gomes de Sousa, de início, redigira anteprojeto de espectro abrangente, que foi gradativamente analisado por eminentes mestres, à época, tendo o IBDF, hoje ABDF, examinado artigo por artigo do esboço legislativo elaborado pelo saudoso mestre. Gilberto de Ulhôa Canto, Tito Rezende e Carlos Rocha Guimarães exerceram essa função revisora, com especial percuciência, a tal ponto que as anotações dos três juristas foram preservadas até o presente, continuando, em face da publicação editada pelo IBDF, a serem citadas.

O trabalho dos quatro eminentes tributaristas, que se louvaram também na experiência de Amílcar de Araújo Falcão, serviu de base para ofertar o perfil da Emenda nº 18/65, assim como da Lei 5.172/66, que constitui o atual CTN.

Da Emenda nº 18/65 para o CTN houve acentuado processo de depuração do projeto original, já, a essa altura, com a colaboração de Gerson Augusto da Silva e Aliomar Baleeiro, este sendo o principal artífice de sua veiculação pelo Congresso Nacional.

O projeto, que surgiu da intensa discussão e elaboração legislativa, em grande parte alterou o esboço de Rubens Gomes de Sousa, inclusive destruindo o capítulo das infrações tributárias, tão meticulosamente tratado por Rubens, reduzido a dois artigos no atual texto.

A linguagem, todavia, foi revisada, visto que a genialidade de Rubens levava-o, muitas vezes, a um discurso legislativo mais prolixo e menos técnico, na busca de esclarecimentos para o maior número possível de problemas que a realidade pudesse suscitar. O Código, portanto, escoimado de muitas das imperfeições de seu período de gestação, mantendo, todavia, outras, permaneceu até hoje, com poucas alterações no livro dedicado ao sistema, e nenhuma, naquele, ofertado às normas gerais.

É, portanto, o Código elemento de estabilização do Direito Tributário, posto que serve de "colchão legislativo aparador" entre a Constituição e a legislação ordinária.

Tem-se estudado muito na teoria geral do Direito a função de normas de estabilização do Direito. Aquelas que não são apenas produtoras de lei, nem de aplicação do Direito. Que não cuidam nem dos mecanismos de criação ou interpretação ou execução legislativa, nem de normas de comportamento ou sancionatórias.

De rigor, apenas neste século examinou-se, em maior profundidade, o conteúdo das normas de estabilização, sendo a lei complementar típica norma dessa natureza, na medida em que nem produz, nem interpreta, nem executa, nem sanciona comportamentos ou leis, mas apenas explicita princípios harmonizadores do direito, permitindo que a legislação ordinária seja conformada no perfil explicitado.

Esta é a razão pela qual, no sistema anterior, o art. 18, § 1º, da EC nº 1/69 apenas se referiu a tais funções, tendo o seguinte discurso: "Lei complementar estabelecerá normas gerais de direito tributário, disporá sobre os conflitos de competência nessa matéria entre a União, os Estados, o Distrito Federal e os Municípios, e regulará as limitações constitucionais do poder de tributar".

As três funções consagradas permitiram a explicitação constitucional em nível de estabilização sistêmica, motivo pelo qual houve por bem o Supremo Tribunal aceitar tal conformação, afastando escola que via na dicção legislativa duas e não três funções. Dessas eliminava a de estabelecer normas gerais, de longe a mais relevante.

O Código foi dividido em dois grandes livros, o primeiro sobre o sistema constitucional, dando-lhe a escultura, definindo tributo, explicitando as espécies tributárias, cuidando de imunidades, de empréstimo compulsório, conformando os impostos, taxas e contribuição de melhoria (esta com dicção alterada após a EC nº 23), indicando todos os impostos federais, estaduais e municipais, só não o fazendo em relação ao IPVA, criado posteriormente.

Os Decretos-leis 406 e 834 vieram, mais tarde, introduzir modificações, dando novo desenho ao ISS e ao ICM.

O Código, contudo, não abrangeu muitas das leis complementares previstas pela Constituição Federal, como as de nº. 22 e 24, posto que foi editado anteriormente à Constituição de 1967.

Sua própria incorporação ao sistema de 67 só foi possível graças ao princípio da recepção, visto que veiculada por legislação ordinária, na medida em que não previa a Constituição anterior tal veículo legislativo para todas as normas gerais.

Com efeito, a Emenda nº 18/65 foi parca em permitir a lei complementar como veículo estabilizador do Direito, principalmente em uma Federação com três esferas de poderes tributantes, em nível constitucional. Está é a razão pela qual não projetou, tal emenda, o CTN em sua dimensão plena, conforme abrangido pela Constituição de 67 e pela sua alteração consolidadora de 1969.

Nenhuma dúvida existe de que o CTN representou sensível marco na evolução do Direito Tributário no País, devendo-se em grande parte à esplêndida produção doutrinária e jurisprudencial dos últimos 20 anos sua implantação, como sistema veiculador da imposição fiscal.

O livro segundo inclusive permitiu uma ampla visão de normas gerais, com a explicitação do princípio da legalidade, da vigência e aplicação às leis, com o desenho das técnicas de interpretação, assim como a indicação dos sujeitos ativos e passivos da obrigação, definição de seu fato gerador, que, ao contrário do que apregoam certos doutrinadores, tem conformação científica, tendo ainda estatuído a responsabilidade tributária, em nível de substituição, personalização e penal-infracionária, sobre cuidar de matéria paralela à obrigação, como do lançamento, da administração tributária e formas de extinção, inclusive por inércia, seja da obrigação, seja do crédito tributário, além de examinar as isenções, anistia, privilégio e preferências do crédito fiscal. Cuidou da Administração Tributária, matéria mais de Direito Administrativo que de Direito Tributário.

O Código permitiu que os princípios da estrita legalidade, tipicidade fechada e reserva absoluta da lei formal, fossem consagrados pela doutrina e jurisprudência, transformando-se muito mais em um estatuto do contribuinte que em manual de exigência impositiva. Pelo Código ficou absolutamente esculpido o princípio pelo qual ao contribuinte tudo é permitido, exceção feita ao que a lei expressamente proibir ou colocar como imposição. Ao Poder Tributante nada é permitido senão o que estiver na lei.

Creio seja este aspecto o que de mais relevante o CTN apresentou para esculpir o Direito Tributário brasileiro.

A evolução do Projeto sobre o Sistema Tributário na Constituinte

Instalados os trabalhos constituintes e após a discussão do regimento interno, foi o Congresso com tais poderes dividido em 24 Subcomissões, das quais uma delas dedicada ao Sistema Tributário.

A Subcomissão de Tributos estava vinculada à Comissão de Orçamento, Sistema Financeiro e Tributos, tendo como relator o Deputado José Serra e presidente o Deputado Francisco Dornelles. Os Deputados Benito Gama e Fernando Coelho foram, respectivamente, o presidente e o relator da Subcomissão.

Durante duas semanas ouviram os constituintes vinculados à Comissão, além do meu, o depoimento dos seguintes especialistas: Fernando Rezende, Alcides Jorge Costa, Geraldo Ataliba, Carlos Alberto Longo, Pedro Jorge Viana, Hugo Machado, Orlando Caliman, Edvaldo Brito, Souto Maior Borges, Romero Patury Accioly, Nelson Madalena, Luís Alberto Brasil de Souza, Osiris de Azevedo Lopes Filho e Guilherme Quintanilha, passando a trabalhar, de rigor, com dois anteprojetos articulados que lhes foram levados, a saber: o preparado pelo IPEA da Secretaria de Planejamento e aquele levado por mim em nome do IASP e da ABDF.

Os dois projetos tinham contextura clássica de um sistema rígido, embora fosse o do IASP mais conservador e o do IPEA mais federalizado, no pressuposto de que a uma maior descentralização de receitas corresponderia uma maior descentralização de atribuições. No projeto do IASP, a descrença de que os constituintes e o modelo federativo brasileiro voltar-se-iam para a dupla descentralização de receitas fosse mais tímida, visto que o projeto não hospedava matéria pertinente à descentralização de atribuições, como, de resto, também não hospedava o do IPEA.

O texto final da nova Constituição veio a demonstrar que os temores do nosso grupo eram mais fundados que a profissão de fé apresentada pelo IPEA na dupla descentralização federativa: de receitas e de atribuições.

Do primeiro anteprojeto surgido da Subcomissão, portanto, resultou projeto convergencial em que os alicerces fundamentais foram retirados dos dois esforços coletivos, posto que ambos os grupos (IASP-ABDF e IPEA-Seplan) trabalharam em seu estudo por mais de um ano, servindo tal reflexão acadêmica de valiosa contribuição para os primeiros textos constituintes.

Deve-se notar que o anteprojeto IASP-ABDF foi mais jurídico e o do IPEA mais econômico-financeiro, embora ambos cuidassem de aspectos jurídicos e econômicos.

O primeiro anteprojeto da Constituinte foi, de longe, o melhor produzido por aquela Casa.

A partir das pressões exercidas, quando levado às Comissões de Tributos, Orçamento e Finanças, de Sistematização e, finalmente, ao Plenário, sofreu o primeiro arcabouço legislativo notável "contribuição de pioria" dos demais constituintes, preocupados mais em aumentar receitas do que em proteger o direito dos contribuintes, fazer justiça fiscal e promover o desenvolvimento nacional

Gradativamente foi sendo deformado até ser plasmado, de forma definitiva, nos termos que hoje se encontra na nova Constituição.

O sistema acarretou elevação considerável do nível da carga tributária para o cidadão, pela criação de novas formas de imposição, transferência acentuada de receitas – e não de atribuições – da União, estando, a meu ver, veiculado de forma consideravelmente pior que aquela que apresentei à Assembléia Constituinte, em nome do IASP e ABDF.

O Sistema Tributário Atual

O Sistema Tributário Brasileiro foi plasmado nos arts. 145 a 156 da Constituição Federal.

O capítulo foi dividido em cinco partes, a primeira delas dedicada aos princípios gerais.

De rigor, são três: o princípio das espécies tributárias, as quais foram conformadas em cinco tipos diferentes (impostos, taxas, contribuição de melhoria, contribuições sociais e empréstimos compulsórios), o princípio da lei complementar e o princípio da capacidade contributiva.

Estes dois últimos objetivam proteger o contribuinte contra o Poder Público. O primeiro determina que as normas gerais, os conflitos de competência entre os poderes tributantes e as limitações constitucionais do poder de tributar sejam formatados por lei complementar, que passa a ter caráter de lei nacional.

O outro exige que a imposição tributária não implique efeito de confisco, devendo ser respeitada a capacidade econômica dos contribuintes, sendo, os impostos, pessoais ou reais (diretos ou indiretos).

A secção segunda do capítulo do sistema faz menção às limitações constitucionais ao poder de tributar, assegurando 6 princípios básicos, a saber: da legalidade, da equivalência, da irretroatividade, da anterioridade, da não limitação de tráfego, da não confiscatoriedade e das imunidades fiscais.

Tais princípios já estão, em parte, explicitados pelo Código Tributário Nacional, que ainda vige no que diz respeito às normas gerais.

As três últimas partes do capítulo são dedicadas aos impostos federais, estaduais e municipais.

No início, passou, a União, a ter competência impositiva sobre sete impostos (importação, exportação, renda, propriedade territorial rural, operações financeiras, produtos industrializados e grandes fortunas).

Com a EC nº 3, foi acrescido o IPMF (imposto provisório sobre operações financeiras). Nunca entrou em vigor o imposto sobre grandes fortunas. O IPMF teve vida curta, sendo substituído pelas Emendas Constitucionais nºs. 12 e 21 pela Contribuição Provisória sobre Movimentação Financeira (CPMF), destinada agora à Assistência Social e Previdência. Arrecada a União, no momento, 6 impostos, lembrando, todavia, que repassa quase metade de seus ingressos concernentes ao IPI e do Imposto de Renda para Estados e Municípios.

Os Estados tiveram, em 1988, a outorga de quatro impostos (transmissão imobiliárias não onerosas, operações relativas à circulação de mercadorias, adicional de imposto de renda e veículos automotores).

A EC nº 3/93 retirou-lhes o adicional do imposto de renda, estando, hoje, com apenas 3 impostos e as transferências que recebem da União.

Aos Municípios pertiniriam também, 4 imposto em 88 (sobre serviços, predial e territorial urbano, vendas a varejo e transmissões imobiliárias onerosas). A EC nº 3 retirou-lhes o imposto sobre vendas a varejo, estando, hoje, com 3 impostos, além das transferências de Estados e União.

O sistema é caótico, com superposições de incidências e elevado nível de complexidade. Gera um custo fantástico de administração para contribuintes e para os diversos Erários, facilitando a sonegação dolosa e impondo, para muitos setores, a inadimplência sobrevivencial, como forma de evitar a falência.

Necessita, urgentemente, ser mudado.

Discute-se, no momento, a PEC nº 41/03 do Governo Lula, que não considero boa. Esta é a razão pela qual volto a apresentar minha proposta de 1990, a saber:

Proposta de Emenda Constitucional

"Título VI
Da Tributação e do Orçamento
Capítulo I
Do Sistema Tributário Nacional

Seção I
Dos Princípios Gerais

Art. 145. A União, os Estados, o Distrito Federal e os Municípios poderão instituir, os seguintes tributos:

I. impostos;
II. taxa pela utilização de serviços públicos específicos e divisíveis prestados ao contribuinte, sempre que o contribuinte não tenha alternativa válida para deles prescindir, limitada ao custo da prestação;
III. contribuição de melhoria decorrente de obras públicas, que impliquem valorização do imóvel e no limite de seu custo.

Art. 146. Os impostos serão graduados segundo a capacidade contributiva dos cidadãos, residentes e outros que a lei determinar, respeitados os direitos e garantias individuais e proibido o confisco.

Parágrafo único. É vedada a utilização do mesmo fato gerador para mais de um tributo, ou as taxas não poderão ter base de cálculo própria de imposto.

Art. 147. Cabe à lei complementar estabelecer normas gerais em matéria tributária, assim como regular as limitações ao poder de tributar e dirimir conflitos entre os poderes tributantes.

Art. 148. A União, mediante lei complementar, poderá instituir empréstimos compulsórios para atender despesas extraordinárias decorrentes de calamidade pública ou de guerra externa.

Art. 149. Compete exclusivamente à União instituir uma contribuição social incidente sobre pagamentos e recebimentos bancários para atender a seguridade social, nos termos da lei complementar.

Seção II
Das limitações do poder de tributar

150. Sem prejuízo de outras garantias asseguradas ao contribuinte, é vedado à União, aos Estados, ao Distrito Federal e aos Municípios:

I. exigir ou aumentar tributo sem lei que o estabeleça;

II. instituir tratamento desigual entre contribuintes que se encontrem em situação equivalente, proibida qualquer distinção em razão de ocupação profissional ou função por eles exercida, independentemente da denominação jurídica dos rendimentos, títulos ou direitos;

III. cobrar tributos:

a) em relação a fatos geradores ocorridos antes do início da vigência da lei que os houver instituído ou aumentado;

b) no mesmo exercício financeiro em que haja sido publicada a lei que os instituiu ou aumentou, respeitada a determinação do art. 165, § 2º;

IV. estabelecer limitações ao tráfego de pessoas ou bens;

V. instituir impostos sobre:

a) patrimônio, rendas e circulação de bens e serviços, uns dos outros;

b) templos de qualquer culto;

c) patrimônio, renda ou serviços dos partidos políticos, inclusive suas fundações, das entidades sindicais dos trabalhadores e empregadores, das instituições de educação e de assistência social, sem fins lucrativos, atendidos os requisitos da lei;

d) livros, jornais, periódicos, assim como papel, insumos, máquinas e equipamentos destinados à sua impressão, publicidade e anúncios neles veiculados;

e) textos audiovisuais destinados à educação.

§ 1º A vedação do inc. III, "b", não se aplica aos impostos previstos no art. 153, inciso I, respeitado o disposto no art. 165, § 2º.

§ 2º A vedação do inc. V, "a", é extensiva às autarquias e às fundações instituídas e mantidas pelo Poder Público, no que se refere ao patrimônio, à renda e à circulação de bens e serviços, vinculados a suas finalidades essenciais ou às delas decorrentes.

§ 3º As vedações do inciso V, "a", e do parágrafo anterior não se aplicam ao patrimônio, à renda e à circulação de bens e serviços, relacionados com exploração de atividades econômicas regidas pelas normas aplicáveis a empreendimentos privados, ou em que haja contraprestação ou pagamento de preços ou tarifas pelo usuário, nem exonera o promitente comprador da obrigação de pagar imposto relativamente ao bem imóvel.

§ 4º As vedações expressas no inciso V, alíneas "b" e "c", compreendem somente o patrimônio, a renda e a circulação de bens e serviços relacionados com as finalidades essenciais das entidades nelas mencionadas.

Art. 151. É vedado à União:

I. instituir tributo que não seja uniforme em todo o território nacional ou que implique distinção ou preferência em relação a Estado, ao Distrito Federal ou a Município, em detrimento de outro, admitida a concessão, nos impostos, de incentivos destinados a promover o equilíbrio do desenvolvimento socioeconômico entre as diferentes regiões do país;

II. tributar por imposto a renda as obrigações da dívida pública dos Estados, do Distrito Federal e dos Municípios, bem como a remuneração e os proventos dos respectivos agentes públicos, em níveis superiores aos que fixar para suas obrigações e para seus agentes.

Art. 152. É vedado aos Estados e ao Distrito Federal estabelecer diferença tributária entre bens e serviços, de qualquer natureza, em razão de sua procedência ou destino.

Seção III
Os impostos da União

Art. 153. Compete à União instituir os seguintes impostos:

I. imposto sobre a importação e exportação de produtos;

II. imposto sobre a renda e proventos de qualquer natureza.

§ 1º É facultado ao Poder Executivo, atendidas as condições e os limites estabelecidos em lei, alterar as alíquotas do imposto enumerado no inciso I.

§ 2º O imposto sobre a renda e proventos de qualquer natureza, quando incidente sobre os rendimentos do mercado financeiro, poderá ser alterado sem submissão ao disposto nos arts. 150, inciso III, letra "b", e 165, § 2º.

Art. 154. A União poderá instituir, em caso de guerra externa, impostos extraordinários, compreendidos ou não em sua competência tributária, os quais serão suprimidos, gradativamente, cessadas as causas de sua criação.

Seção IV
Do imposto dos Estados e do Distrito Federal

Art. 155. Compete aos Estados e ao Distrito Federal instituir imposto sobre operações relativas à circulação de mercadorias e à prestação de serviços.

§ 1º O imposto previsto neste artigo, atenderá ao seguinte:

I. Será não-cumulativo, compensando-se o que for devido em cada operação relativa à produção, circulação de mercadorias ou prestação de serviços com o montante incidente nas anteriores a favor do mesmo ou de outro Estado ou do Distrito Federal;

II. Será seletivo, em função da essencialidade das mercadorias e dos serviços;

III. Resolução do Senado Federal, de iniciativa do Presidente da República ou de um terço dos Senadores, aprovada pela maioria absoluta de seus membros, estabelecerá as alíquotas máximas aplicáveis às operações e prestações, internas, interestaduais e de exportação, assim como os limites das isenções e benefícios fiscais;

IV. Em relação às operações e prestações que destinem bens e serviços a consumidor final localizado em outro Estado, adotar-se-á:

a) a alíquota interestadual, quando o destinatário for contribuinte do imposto;

b) a alíquota interna, quando o destinatário não for contribuinte dele;

V. Na hipótese da alínea "a" do inc. anterior, caberá ao Estado da localização do destinatário o imposto correspondente à diferença entre a alíquota interna e a interestadual;

VI. Não incidirá sobre operações que destinem ao exterior produtos industrializados;

VII. Poderá a lei complementar estabelecer hipóteses de substituição tributária por antecipação;

VIII. Cabe à lei complementar definir o regime jurídico nacional do imposto mencionado neste artigo.

Seção V
Do imposto dos Municípios

Art. 156. Compete aos municípios e ao Distrito Federal instituir imposto sobre a propriedade predial e territorial urbana e rural.

Parágrafo único. Cabe à lei complementar fixar as alíquotas mínimas e máximas do imposto previsto neste artigo.

Seção VI
Da repartição das receitas tributárias

Art. 157. Pertencem à União 40% do produto da arrecadação dos impostos previstos nos arts. 155 e 156.

Art. 158. Pertencem aos Estados 35% do produto da arrecadação dos impostos a que se referem os arts. 153, II e 156.

Art. 159. Pertencem aos Municípios 25% do produto da arrecadação dos impostos a que se referem os arts. 153, I e II, e 155.

Art. 160. Pertence ao Distrito Federal, na proporção da repartição fiscal, percentual idêntico ao dos Municípios.

Art. 161. Cabe à lei complementar definir os critérios para a participação recíproca mencionada nos arts. 157 a 160, devendo a unidade da Federação, em que seja recolhido imposto de competência das demais unidades, ter, no mínimo, 50% do produto da arrecadação transferida aplicado em seu território.

Parágrafo único. As unidades federativas poderão condicionar a entrega da participação recíproca, ao pagamento de seus créditos de qualquer natureza.

Art. 162. A União, os Estados, o Distrito Federal e os Municípios deverão repassar a parcela correspondente às demais entidades federativas até quinze dias de sua recepção".

Reforma Tributária: por um Brasil competitivo

Armando Monteiro Neto

A Confederação Nacional da Indústria é uma instituição que tem se destacado nos últimos anos pela defesa intransigente de uma profunda mudança em nosso sistema tributário. Não uma mudança qualquer, ou cosmética, mas uma alteração que tenha como objetivo a modernização do sistema e o aumento da competitividade dos produtos brasileiros. O sistema tributário nacional, inquestionavelmente, é anacrônico e penaliza nossos produtos, retirando grande parte da competitividade alcançada com esforço no interior das empresas brasileiras.

A chave para a superação dos desafios do crescimento é a melhoria contínua da nossa competitividade. Esta é a mola maior que irá impulsionar o País em sua trajetória de desenvolvimento sustentado e permitirá o atendimento das necessidades de melhoria da população. Mas a busca da competitividade não é uma tarefa trivial – depende de sua capacidade em aumentar a eficiência e elevar a produtividade. Ou seja, fazer o melhor uso de seus recursos. Isto é obtido por diversos meios, como inovação e modernização tecnológica, atualização de métodos gerenciais, capacitação dos recursos humanos, dentre outros. São ações internas às empresas e indispensáveis à elevação de sua competitividade que estão sob sua responsabilidade e ao alcance de suas decisões.

Armando Monteiro Neto é Presidente da Confederação Nacional da Indústria – CNI, Deputado Federal pelo Estado de Pernambuco e membro da Comissão Especial da Reforma Tributária.

Mas a competitividade das empresas também é influenciada por fatores que se encontram fora do seu raio direto de ação, pelo menos de forma individual, e que também lhe são cruciais. São fatores sistêmicos, que atingem a todas as empresas do setor produtivo de forma horizontal. A permanência de um quadro de adversidades sistêmicas em nosso País tem se constituído em sério entrave à ampliação da competitividade das empresas e, portanto, da competitividade do próprio País – é o Custo Brasil. Dentre os diversos elementos que prejudicam a competitividade dos produtos brasileiros, formando o Custo Brasil, a estrutura tributária se destaca como um dos mais expressivos. Senão o maior de todos, de acordo com as evidências de pesquisas e sondagens realizadas entre as empresas industriais brasileiras.

A estrutura tributária não é o único obstáculo à maior competitividade dos produtos brasileiros. É, contudo, o mais importante, visto que é o mais universal, atingindo a todas as empresas. Na verdade não é um problema apenas dos exportadores. Com a abertura comercial brasileira, e a intensa agenda de negociações internacionais do País, esta é uma questão vital para todas as empresas, mesmo aquelas atualmente apenas voltadas ao mercado doméstico. Isto porque, dadas suas características, o atual sistema tributário brasileiro concede privilégios aos produtos importados no próprio mercado doméstico, pois estes têm um ônus fiscal mais reduzido que o ônus tributário imputado aos produtos brasileiros.

Não é por outra razão que a CNI tem elegido, há anos, a Reforma Tributária como uma das bandeiras da transformação da economia brasileira e item essencial para o aumento da nossa competitividade. Dentre todas as reformas necessárias à modernização do País, com certeza a Reforma Tributária é a principal.

Esta avaliação é praticamente um consenso entre empresários, técnicos da área de comércio exterior, acadêmicos e até mesmo o governo. Assim também o foi na Câmara dos Deputados, quando da discussão da PEC 175 na Comissão Especial, da qual fui (com muito orgulho) um dos participantes. O Substitutivo do relator, Deputado Mussa Demes, foi aprovado pela expressiva maioria de 35 entre os 36 membros da Comissão. Mas ainda assim tem se mostrado difícil implementar a reforma tributária.

A análise que fazemos nos conduz a dois pressupostos básicos para mudanças na área tributária. São pressupostos definidos em conjunto com a Ação Empresarial, movimento que congrega entidades empresariais do País. Primeiro, toda iniciativa na área tributária deve considerar a agenda de negociações internacionais que o País está envolvido, a inexorável globalização da produção e seus efeitos na economia brasileira. Portanto, deve ter como foco a competitividade. Segundo, e ainda mais importante, todo e qualquer projeto de reforma tributária deve ter como pressuposto a não elevação da carga tributária, que já atinge níveis muito além dos suportáveis.

Este é um pressuposto que não pode deixar de ser enfatizado. Precisamos de uma reforma tributária não para aumentar impostos – pois já os temos demais. Nos últimos anos, o sistema tributário foi diversas vezes modificado sempre com o objetivo de aumentar a extração fiscal do contribuinte. Nisso somos exemplares. Temos uma carga tributária que superou 36% do PIB em 2002, e que mostra-se crescente nos últimos anos. É elevadíssima para países na nossa faixa de renda *per capita*, sem paralelo com os nossos concorrentes diretos no mercado internacional.

Carga Tributária - % do PIB

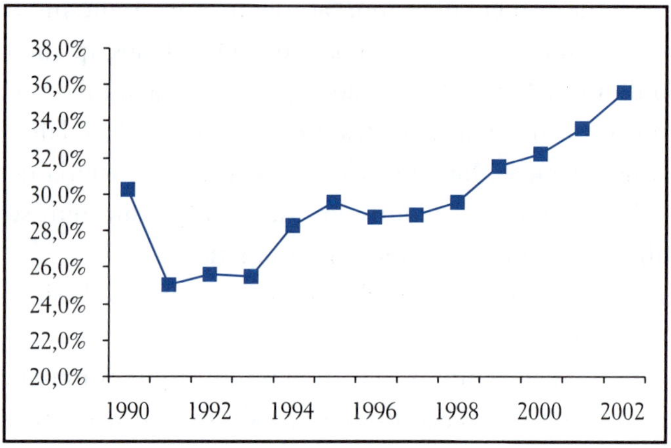

Fonte: Receita Federal

Esta carga tributária excessiva vem se constituindo em um dos principais entraves ao crescimento sustentado de nossa economia, neste mesmo período. Entre 1988 (ano da promulgação da Constituição Federal que desenhou o atual sistema tributário) e 2002, a carga tributária cresceu mais de 13 pontos percentuais. No mesmo período, o PIB cresceu em média apenas 1,9% ao ano (pouco acima da taxa de crescimento da população). A queda na taxa histórica de crescimento reflete o aumento da carga tributária. Estancar o crescimento contínuo da carga tributária é fundamental para a retomada de um ritmo mais forte de crescimento do produto, do emprego e da renda.

Taxa de Crescimento do PIB (%) e Carga Tributária (% do PIB)

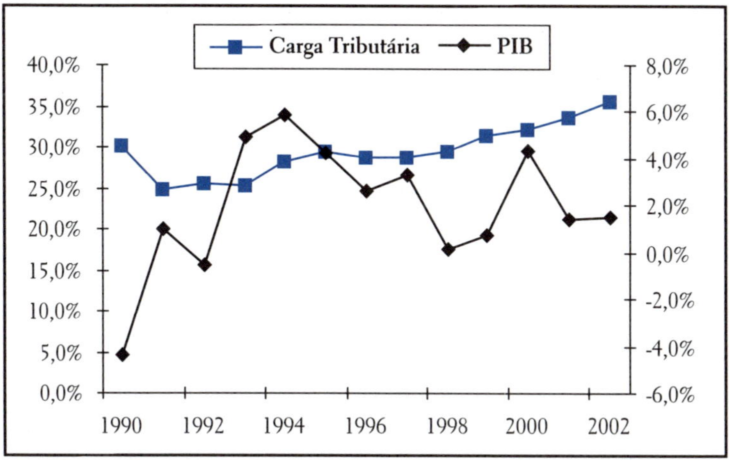

Fonte: Receita Federal

Mais grave ainda: o aumento da carga tem sido efetuado por meio de tributos cumulativos, extremamente danosos à competitividade dos produtos brasileiros. São tributos pouco transparentes, em geral de alíquotas aparentemente reduzidas, mas que ao incidirem em cascata têm seu impacto magnificado, onerando o preço final dos produtos.

A incidência de tributos cumulativos onera o preço final de alguns setores industriais, em média em 9% – em alguns casos em até mais de 10% –, como atestam estudos do BNDES e FGV/ FIESP. Se nossos produtos ficam mais caros, diminui nossa competitividade – com menos exportações e maiores importações – com impacto final no emprego.

Impostos Cumulativos - % do PIB

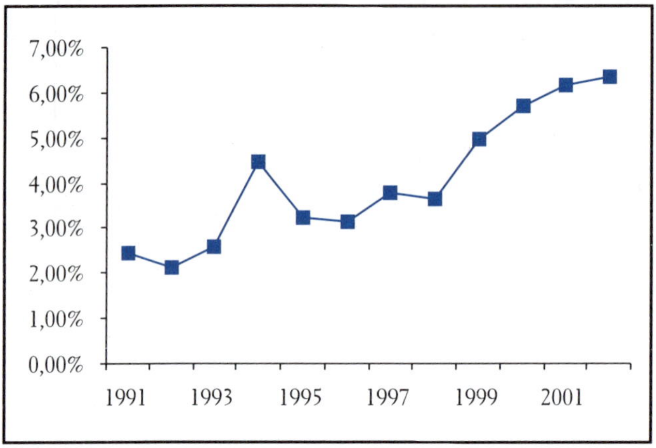

Fonte: Receita Federal

No caso das exportações, os mecanismos de ressarcimento e compensação são parciais, complexos e impõem custos adicionais às empresas. O resultado é o desestímulo às exportações. Pesquisa da CNI mostra que para 35% das empresas, a existência de créditos fiscais acumulados afeta negativamente a decisão de exportar. Para as empresas que exportam mais de 50% do faturamento, esse percentual se eleva para algo em torno de 60%.

Precisamos de uma reforma tributária, isso sim, para dar condições de competitividade ao produto brasileiro. Nosso sistema tributário foi desenhado para uma economia fechada. Reformar este sistema é, portanto, um imperativo para uma economia que pretende ter maior participação nos fluxos internacionais de comércio.

O momento é agora. O Brasil não pode perder a oportunidade de reformar o seu sistema tributário. A luta pela reforma tributária é uma batalha de mais de 10 anos. É a prioridade número 1 do setor empresarial. Nesta matéria, o setor empresarial colheu enormes frustrações e também avanços. Um importante avanço é que o País e a sociedade entendem melhor a natureza dos problemas tributários. A cumulatividade e os impostos em cascata se incorporaram ao vocabulário corrente. Registramos, inclusive, um modesto avanço – a eliminação da cumulatividade no PIS – que abre o espaço para o aprofundamento da sua extinção na Cofins. Este avanço veio, no entanto, acompanhado pelo crescimento da carga tributária. Este é um receio do setor produtivo quando desta revisão do sistema tributário.

O sistema tributário atual é uma verdadeira "colcha de retalhos" sem qualquer preocupação com a eficiência econômica e a alocação dos recursos, sendo apenas uma máquina de elevada capacidade arrecadatória. Na verdade é um "não-sistema". Portanto, na sua reformulação, é importante seguir alguns princípios básicos de modo a torná-lo orgânico, sistêmico e voltado à competitividade.

O primeiro princípio é o da melhor distribuição da carga tributária. O ônus fiscal deve ser suportado por um universo maior de contribuintes, de tal forma que a parcela de cada um seja menor. A ampliação do universo de contribuintes e a melhor distribuição da carga fiscal entre eles só é possível com a necessária redução da alíquota da maioria dos impostos e a ampliação da base de cálculo de tributos insuficientemente explorados pelo fisco. A redução da carga fiscal por contribuinte tende a diminuir o nível de evasão fiscal, com reflexos positivos no aumento da arrecadação e no aperfeiçoamento da concorrência.

A simplificação e a redução no número de tributos é outro princípio básico a ser perseguido. Temos um sistema tributário complexo, com um número excessivo de tributos, o que significa custos acessórios elevados para os contribuintes, notadamente para as empresas. Reduzir o número de tributos e simplificar sua cobrança reduz custos e auxilia a minorar a sonegação fiscal.

Outro princípio seria a transparência na tributação, tornando clara para o cidadão a parcela do preço do produto que decorre da tributação. Uma estrutura centralizada e pouco transparente tende a alienar os cidadãos da questão do uso dos recursos públicos.

Ênfase especial deve ser dada à não cumulatividade. Tributos que incidem em cascata, como Cofins e CPMF, são incompatíveis com uma economia aberta e integrada aos fluxos do comércio internacional. Não se encontra tributos deste tipo na expressiva maioria dos países, em especial entre nossos competidores próximos.

Completa-se com a integral desoneração das exportações e dos investimentos, um princípio básico para o desenho da reforma tributária. Queremos, portanto, uma reforma que permita a isonomia tributária entre os produtos brasileiros e os produtos estrangeiros tanto nos mercados internacionais quanto no próprio mercado doméstico.

Além disso, no caso do ICMS, é necessário por fim à diversidade de legislações estaduais que onera as empresas com departamentos de contabilidade hipertrofiados.

Vê-se, por esta série de motivos e princípios aqui mencionados, que o Brasil precisa de uma reforma tributária mais ampla, não de aperfeiçoamentos tópicos no atual sistema. Precisamos, neste processo, explicitar compromissos fundamentais.

Primeiro, é necessário preservar os direitos e garantias do contribuinte contra abusos da autoridade fazendária. Segundo, devemos efetuar uma reforma que não eleve a carga tributária. Este é um ponto crítico para uma reforma eficaz e promotora do crescimento. Finalmente, o aumento dos recursos tributários deve advir do crescimento, completando um círculo virtuoso.

Do ponto de vista da oportunidade, a avaliação da PEC 41 é

favorável. Mas a proposta apresenta problemas que exigem seu aperfeiçoamento. A Comissão Especial da Reforma Tributária é o local adequado para se proceder às mudanças que garantam maior simplificação ao sistema e a desoneração das exportações e do investimento. Sem estas modificações o projeto ficará falho em relação ao objetivo de elevação da competitividade dos produtos brasileiros.

Apesar de positiva em diversos aspectos, a proposta apresenta problemas e limitações. O exame destas limitações é um primeiro passo para seu aperfeiçoamento. Inicialmente, o projeto não amplia a base tributária e mantém alguns segmentos subtaxados com outros com ônus excessivo. Também não trata da segurança do contribuinte, ou aponta possíveis dificuldades como é o caso do poder excessivo dado ao novo conselho de secretários estaduais, o novo Confaz.

Também não prevê a desoneração do investimento. É necessário estimular-se o investimento produtivo, mas o projeto não enfrenta a desoneração tributária na aquisição de bens destinados ao ativo fixo e no custo do financiamento (ex. CPMF). Para um país que já padece da falta de fontes adequadas de financiamento e de custos de capital elevado é um verdadeiro ato anti-crescimento. A indústria tem vários setores preparados para investir. Mas não faz sentido econômico taxar os investimentos, um ativo reprodutivo que amplia a capacidade de crescimento da economia e o seu potencial de geração de emprego, riquezas e receitas.

A experiência mundial mostra dois sistemas de desoneração do investimento: o que tributa o investimento e devolve o crédito e o que não tributa, isto é, concede imunidade tributária aos bens destinados ao investimento. No Brasil, estamos no pior dos mundos: tributamos o investimento e nos poucos casos em que há devolução através do aproveitamento do crédito, este se dá em 4 anos e mediante entraves complexos e ineficientes. Como conseqüência, o custo do investimento nos projetos intensivos em capital no Brasil é mais caro que o de nossos competidores, e como resultado, perdemos investimento para competidores e, com o investimento perdido, as exportações e os empregos que poderíamos estar gerando.

A proposta posterga definições cruciais sobre o ICMS para uma futura lei complementar. Neste caso específico, o tributo permanece muito complexo e existem dúvidas sobre a nova sistemática de cobrança na origem, em todas as operações interestaduais. Neste caso, a cobrança na origem significa uma antecipação do tributo, que será incorporado ao preço de venda, dando origem a pressões por capital de giro nas empresas, pois estas irão recolher o tributo muito antes do efetivo recebimento por suas vendas.

No caso de aquisição de insumos ou bens para revenda em outros Estados, a proposta vincula o crédito ao efetivo pagamento do tributo. Como a empresa irá fazer para comprovar o crédito, se a sistemática atual não permite identificar a operação? Teria que ter nota fiscal especial? Afinal, quem é o responsável pelo tributo, quem vende e tem a obrigação de pagar, ou quem adquire o produto? Neste caso haveria possibilidade de acúmulo de créditos não reconhecidos, gerando cumulatividade no sistema. São dúvidas que precisam ser esclarecidas ou pontos a aperfeiçoar.

Existe ainda receio quanto a aumento da tributação quando da fixação das alíquotas por classe de produtos. Mesmo federalizada a legislação básica, teme-se a equalização pelas alíquotas máximas praticadas em diferentes Estados.

A solução para o problema da cumulatividade merece reparos. Primeiro, a CPMF, um tributo de incidência cumulativa é perenizado na estrutura tributária. Mais grave, sua alíquota é mantida, por tempo indeterminado, e sem qualquer possibilidade de compensação. Segundo, a solução para a COFINS não cumulativa é parcial, pois não é assegurada por princípio, mas irá depender de legislação ordinária, inclusive quanto aos segmentos a serem sujeitos à nova sistemática não cumulativa.

Além disso, devemos atentar para a experiência do PIS. A remoção da cumulatividade – quando da fixação de uma alíquota claramente superestimada – trouxe um ônus tributário maior, como mostram os dados de arrecadação. É um exemplo a ser seguido quando da mudança na COFINS.

Em síntese, apresentamos a matriz dos aperfeiçoamentos, que serve como nossa contribuição ao debate nacional sobre Reforma Tributária. São pontos ou problemas que merecem exame cuidadoso para evitarmos danos no futuro.

A Matriz dos Aperfeiçoamentos

O Problema	A Solução
• Risco de aumento da Carga Tributária	• Explicitar compromissos e incluir mecanismos de limitação na fixação das novas alíquotas.
• Garantias do contribuinte	• Introduzir mecanismos de garantia do contribuinte.
Não desoneração do investimento	• Introdução da previsão de não incidência do ICMS nos bens de investimentos.
Competência tributária excessiva ao novo CONFAZ	• Estabelecer na CF que competência do novo CONFAZ para propor grupos de produtos depende de homologação pelo Senado.
Solução para extinção da cumulatividade parcial e incompleta	• Introduzir modificações visando explicitar o caráter não cumulativo das contribuições.
CPMF permanente mantém cumulatividade e distorções	• Inserir na proposta um cronograma de extinção gradual da contribuição.
Diferenciação na tributação sobre petróleo, gás e álcool	• Dar tratamento isonômico ao gás e álcool.
Risco de nova contribuição para financiar programa de renda mínima	• Explicitar que financiamento do programa será com dotações orçamentárias (e não via contribuição solidária).
Progressividade na tributação sobre patrimônio causa desvirtuamento do tributo	• Suprimir possibilidade de seletividade e progressividade de modo a inibir seu uso para aumento de arrecadação.
Vedação total à isenção do ICMS é excessiva	• Constitucionalizar as formas de exceção via novo CONFAZ.
Inclusão das Cide´s na desvinculação das receitas da União (DRU)	• Excluí-las, pois estas contribuições têm caráter regulatório e não arrecadatório.

Idealmente, o desejável é uma ampla reforma. Todavia, em face das dificuldades encontradas em aglutinar os interesses diferenciados dos principais agentes envolvidos em torno deste projeto, temos que trabalhar com a reforma possível. Esta constatação não é necessariamente incompatível com o objetivo de uma reforma mais ampla e mais profunda. O projeto que está no Congresso apresenta ameaças de ampliação da carga tributária e necessita de aperfeiçoamentos. Deixá-lo do jeito que está tem custos: menor competitividade, menor produção e menos investimentos.

O momento é oportuno. Mesmo sendo mudanças de impacto a longo prazo, sua adoção contribui para a formação de expectativas positivas que têm implicações quase que imediatas. Ao sinalizar maior competitividade, com a reforma tributária, melhora-se a perspectiva das contas externas. A reforma da previdência, em discussão paralela, aponta para o equacionamento de um desequilíbrio de longo prazo com efeitos sobre o déficit público. Ambas contribuem para a redução do risco-Brasil e, portanto, para a queda das taxas de juros. Não precisa ser dito que a queda dos juros é essencial para a retomada do crescimento.

A mudança de governo enseja novas posturas da política econômica. É oportunidade única para a reafirmação dos compromissos com as premissas básicas de uma economia estável, competitiva e com capacidade de solucionar seus problemas de desigualdade. É possível crescer. O Brasil tem a possibilidade de encontrar-se com o seu destino de uma nação próspera e socialmente justa. Para tanto, é necessário ser competitivo. A reforma tributária é um passo nessa direção.[1]

Referências bibliográficas

1. **BNDES** – *Mensurando a cumulatividade das contribuições: uma proposta metodológica*, Informe da Secretaria de Assuntos Fiscais, Rio de Janeiro, Junho 2001.

2. **Confederação Nacional da Indústria** – *A Indústria e o Brasil: Uma Agenda para o Crescimento*, Brasília, 2002.

3. **FGV/IBRE** – *Carga Tributária e Competitividade na Indústria Brasileira* (Estudo encomendado pela Federação das Indústrias do Estado de São Paulo), São Paulo, 2001.

4. **Varsano, Ricardo** – *Tributação Cumulativa: distorção a erradicar*, Brasília, 2001 (Nota Técnica. Boletim Conjuntural IPEA, 53).

Nota

[1] O conteúdo deste artigo foi utilizado como roteiro para o Pronunciamento na Comissão Especial de Reforma Tributária da Câmara dos Deputados, no dia 08 de julho de 2003.

A reforma tributária brasileira: um enfoque distorcido?

Maurin Almeida Falcão

Produtos de um notável percurso doutrinário e ideológico, os sistemas tributários têm se mostrado permeáveis às transformações operadas nas últimas décadas no contexto internacional. A onda do neoliberalismo iniciada a partir dos anos setenta, aliada ao incremento da globalização, impuseram uma nova arquitetura para o Estado. Em conseqüência, os sistemas tributários não sem mostraram alheios às metamorfoses do meio econômico, político e social nos quais foram elaborados. Dentro dessa perspectiva, o Consenso de Washington fez emergir um novo modelo para os Estados. Esse contexto levou determinadas economias em desenvolvimento a abandonarem ideologias e doutrinas em proveito de uma resposta rápida e pragmática, às exigências da conjuntura econômica internacional. Provavelmente, antecipando as transformações que se prenunciavam no horizonte, os países desenvolvidos, notadamente aqueles colocados sob a égide da Organização para a Cooperação e o Desenvolvimento Econômico – OCDE, empreenderam reformas profundas a partir dos anos setenta em seus sistemas tributários. Dentre esses, podemos apontar o reformismo fiscal iniciado por Reagan nos Estados Unidos e

---

Maurin Almeida Falcão – Professor do Mestrado em Direito da Universidade Católica de Brasília. Doutor em Direito Tributário Internacional pela Universidade de Paris XI—Sud. Pesquisador-visitante do Instituto de Estudos Europeus de Bruxelas.

Tatcher na Inglaterra que, sob a bandeira do neoliberalismo, procuraram adaptar suas estruturas econômicas e sociais às novas diretrizes políticas à difícil conjuntura internacional.

Entretanto, a dinâmica tributária não está restrita somente a esses ditames. Para entendermos a dimensão do tributo enquanto instrumento de igualdade e de redistribuição sociais, seria preciso remontar, antes de qualquer outra abordagem, ao vasto debate doutrinário e ideológico ocorrido a partir do século XIX. Os ensinamentos expendidos pelas diferentes correntes lançaram as bases dos sistemas tributários modernos. Calcados nos idéias de repartição e de solidariedade, aliados à eficiência econômica, esses sistemas deveriam estar à altura dos grandes desafios contemporâneos caracterizados pela excessiva concentração de riquezas e pelas injustiças sociais.

Inserido nessa realidade, o Brasil tornou-se refém dessas transformações. Submetido às imposições provenientes do contexto internacional adverso, o País foi constrangido a lançar o debate sobre as reformas estruturais. Dentre as quais, a do seu sistema tributário que já arrasta, inclusive, por mais de uma década. Indiscutivelmente, um projeto de reforma tributária gera tensões econômicas, políticas e sociais. Por isso, não se tem encontrado, ao longo desse período, o consenso necessário à implementação da reforma necessária à nossa ampla inserção internacional, à eliminação dos desequilíbrios regionais e à concepção de um sistema capaz de responder aos anseios das estruturas econômicas, sociais e políticas. Essa lentidão vem sendo responsável pela defasagem entre o atual sistema e as estruturas vigentes. A velocidade das transformações internas e externas exige igual resposta do sistema tributário. O debate necessário à reforma, juntamente com o processo legislativo, agravam ainda mais essa defasagem. Com efeito, o lapso temporal entre o lançamento do projeto até à sua aprovação final decretará, inexoravelmente, a defasagem do modelo proposto. Esse cenário é responsável pelo enfoque distorcido que se deu ao tributo como mecanismo de redistribuição e de igualdade social. A falta de margem de manobra orçamentária tem deixado o Estado refém de medidas paliativas que só agravam a concentração de renda e que impedem um maior crescimento da economia. Quais são os fundamentos ideológicos ou doutrinários do atual projeto de reforma tributária? Seria ele capaz de responder aos objetivos da política social que o novo Governo pretende implantar?

Visando, pois, a responder a essas questões, esse trabalho se propõe a apresentar, em uma etapa preliminar, o essencial dos fundamentos teóricos da tributação. Para isso, será necessário conhecermos a formulação do pensamento liberal e social-democrata na definição do papel do tributo na sociedade. Em seguida, descreveremos o que seria um sistema tributário ótimo a partir dos princípios de eqüidade e de eficiência. Concluindo a primeira parte, enfocaremos as externalidades decorrentes dos tributos indiretos, objeto do projeto de reforma em curso. A segunda parte será dedicada ao projeto de reforma tributária brasileiro, à luz desses fundamentos.

Os fundamentos teóricos do tributo

Por ser um fenômeno social, Bouvier(1996, 188) considera que o tributo não é independente das representações da sociedade e do Estado, exprimidas em um determinado momento. Bouvier observa ainda que as duas grandes expressões ideológicas do tributo, a primeira de essência liberal e a segunda, comunitarista, se esforçam não só para justificar a existência e a integração no sistema social como também para propor formas que correspondam a um projeto de sociedade. Desse pressuposto, depreende-se que as transformações ocorridas no limiar do século XVIII, que trouxeram em seu bojo uma nova forma de organização social, já encontraram uma expressiva manifestação ideológica e doutrinária acerca do tributo. Nomes de envergadura tais como Hobbes, Locke, Rousseau e Montesquieu que, ao lado dos fisiocratas, pregavam que a imposição estatal decorria de uma espécie de contrato fiscal. Assim, o tributo é tido como uma contrapartida dos serviços prestados pelo Estado. Seria, em último caso, o preço pago pelo contribuinte para sua segurança e para os serviços prestados pelo Estado. Essa corrente deu início à teoria do tributo como instrumento de permuta e se tornaria a essência dos movimentos liberais que se seguiram. A Rousseau, devemos a consagração do princípio da capacidade contributiva do cidadão insculpida no artigo 13 da Declaração dos Direitos do Homem e do Cidadão, de 1789.

Apesar dos esforços para a construção dos alicerces do liberalismo, assistimos ao final do século XIX, o advento de movimentos que pregavam o tributo como dever social necessário ao estabelecimento de um laço social fundado no ideal de solidariedade. Talvez como uma reação à primazia liberal dominante até então. As transformações sociais ocorridas naquele século foram responsáveis pela consolidação da nova teoria. Na esteira da Revolução Industrial, surge o proletariado que passa a exigir a presença do Estado para regular a relação desigual entre capital e trabalho. Em conseqüência, temos o florescimento de uma importante legislação social em países como a Alemanha e a Inglaterra. Esse quadro mudaria profundamente as relações sociais. Era preciso construir um sistema que servisse de suporte à criação do Estado Providência. Desse modo, surge a teoria do imposto-solidariedade.

Temos, assim, o aparecimento dos modelos liberais e sociais-democratas que viriam a nortear inúmeros sistemas tributários contemporâneos. Para Sterdyniak(1991, 35) um sistema tributário liberal se caracteriza pelo financiamento, o mais neutro possível do ponto de vista econômico, das despesas públicas, essas, as mais baixas possíveis. Para o modelo tributário social-democrata, Sterdyniak prega que esse tem como objetivo o financiamento das despesas públicas relativamente elevadas. Apesar de definir claramente os dois modelos, o autor manifesta sua preferência por um sistema tributário que possa integrar, ao mesmo tempo, a preocupação liberal de eficiência econômica e a visão social-democrata da justiça social.

Os grandes avanços sociais não impediram que a segunda metade do século XX fosse marcada pela renovação da corrente liberal. Com o advento da escola do *Public Choice* nos anos cinqüenta, sob a orientação de expoentes da economia americana como Buchanan e Tullock, surgem as diretrizes que guiariam o reformismo fiscal dos anos setenta. A partir desse fato, temos o surgimento de um modelo que influenciaria diversas economias periféricas e que passaram a fazer parte das cartilhas dos organismos internacionais. A despeito dessas influências, países tradicionalmente sociais-democratas, como a Alemanha e a França, mantiveram intactos os seus *acquis sociaux*.

Sistemas tributários ótimos e redistribuição

Após a definição dos grandes eixos ideológicos e doutrinários dos sistemas tributários, o debate voltou-se para a otimização desses sistemas. Seria preciso alinhar os objetivos liberais e social-democratas com os objetivos de eficiência e de eqüidade. Um sistema tributário ótimo seria o resultado do equilíbrio entre esses dois objetivos. Barbosa e Siqueira (2001, ii) afirmam que a estrutura do imposto ótimo é aquela que permite ao governo alcançar objetivos redistributivos e arrecadar o suficiente para financiar os seus gastos ao menor custo possível em termos de eficiência. Trata-se, em realidade, de uma utopia. A falta de margem de manobra e o imediatismo na formulação da política tributária, não permitiriam a materialização desse ideal. O princípio da eqüidade baseia-se na função redistributiva do tributo, missão incumbida ao Estado. Seus fundamentos, de ordem ética e política, revestem-se de significativa complexidade na medida em que demanda uma técnica fiscal apurada. Sua legitimidade depende da mensuração precisa da capacidade contributiva individual. Aqui encontramos sua maior dificuldade. Fonte de ineficiência e de injustiças, o aparelho fiscal estatal não estaria apto a definir a base contributiva de seus cidadãos de forma equânime, engendrando, em conseqüências, efeitos nefastos e distorções significativas.

O princípio da eficiência estabeleceria um sistema tributário simples e transparente em prejuízo da eqüidade. Visando a estabelecer um sistema progressivo, a estrutura ideal seria a de um sistema que comportasse, por exemplo, um universo maior de alíquotas de um determinado tributo. A perda de eficiência nesse caso ocorreria em razão da exigência de maior controle, por parte do aparelho fiscal, do elevado número de contribuintes submetidos a diferentes alíquotas. Para alcançarmos um determinado nível de eficiência desse sistema tributário, seria preciso reduzir o número de alíquotas o que, fatalmente, repercutiria na sua eqüidade.

Portanto, como conciliar os dois princípios sem atentar contra os objetivos de redistribuição?

Nesse aspecto, surge uma outra variável importante para o deslinde da questão. A alternativa por um sistema tributário no qual predominasse a tributação direta ou indireta, exigiria a opção por um dos princípios enumerados acima. Um sistema tributário que privilegiasse a tributação sobre a renda e o patrimônio seria menos injusto, o que atenderia o princípio da eqüidade. Nesse modelo, teríamos uma nítida desvantagem para o princípio da eficiência, pois um sistema progressivo supõe a existência de diversas alíquotas. Essa tem sido uma tendência verificada em economias desenvolvidas dentre os quais podemos citar o Canadá, os Estados Unidos e o Japão.

Se tomarmos como exemplo a escolha de um modelo marcado pela eficiência, em um sistema no qual predomine os tributos indiretos, o número de alíquotas seria diminuído, o que agravaria o seu aspecto regressivo. Assim, teríamos contribuintes com rendas diferentes sendo submetidos às mesmas alíquotas ao consumirem o mesmo bem ou serviço. Não haveria, desse modo, distinção entre artigos de luxo e de primeira necessidade. Teríamos nesse caso, uma só alíquota incidindo de forma idêntica sobre todos os produtos. Em havendo opção por um sistema voltado para a eqüidade, seria necessária a criação de diversas alíquotas que pudessem apartar produtos de luxo e de primeira necessidade, aliviando assim, a carga tributária incidente sobre os contribuintes de baixa renda.

A discussão sobre a característica dos sistemas tributários diretos ou indiretos comporta ainda duas variáveis importantes. A literatura tem sido unânime em afirmar que os países em desenvolvimento possuem sistemas tributários predominantemente indiretos enquanto que nos países desenvolvidos teríamos uma estrutura que privilegiaria os tributos diretos. À exceção dos países mencionados anteriormente, os estudos realizados pela OCDE têm demonstrado que a participação dos tributos indiretos no montante das receitas públicas vem crescendo significativamente nas economias mais avançadas. É uma constatação que preocupa na medida em que se reverte a tendência verificada a partir dos anos sessenta. Naquele período, começava a ganhar amplitude o debate sobre a necessidade de se implantar sistemas tributários com prevalência dos tributos diretos. Como precursor desse movimento, Hinrichs (Rezende, 1993, 305) assegurava que o aumento da participação do imposto de renda no orçamento público seria um resultado natural do desenvolvimento. No entanto, não foi essa a tendência verificada a partir dos anos setenta.

Apesar de seu caráter regressivo, os impostos indiretos apresentaram duas vantagens maiores em relação aos impostos diretos e que foram responsáveis por seu impulso. A primeira está relacionada com o critério da eficiência. Vejamos. Em um determinado universo de contribuintes, temos pessoas jurídicas e pessoas físicas. Essas últimas, evidentemente, em número mais expressivo. Ao consumirem um determinado bem ou serviço, o tributo já estaria integrado ao preço. Por sua vez, a pessoa jurídica ao vender aquele produto ou serviço, estaria percebendo uma parte que deverá ser recolhida ao Estado. Temos, por isso, uma redução do universo de contribuintes. Ao Estado caberá, apenas, controlar um determinado número de pessoas jurídicas, o que eliminará a necessidade de controle sobre todo o universo de consumidores, ao contrário do que se passa, por exemplo, na tributação sobre a renda.

A segunda vantagem está relacionada com o fato de que se um determinado contribuinte sonegar o imposto incidente sobre os seus ganhos, será inexoravelmente tributado quando consumir bens ou serviços. A partir desses dois exemplos, podemos afirmar que a comodidade oferecida pela tributação indireta tem levado os países a optarem por essa modalidade. Além disso, é importante notar o elevado montante que o tributo carreia para os cofres públicos.

Infere-se, por conseguinte, que um sistema tributário indireto molda-se às necessidades atuais e tem, por isso, um papel predominante nos recentes processos de reforma tributária.

Externalidades dos tributos indiretos a serem consideradas

Nesse diapasão, seria importante citar os efeitos macroeconômicos a serem medidos nos processo de reforma tributária. Antes, porém, é importante notar que esses efeitos têm sido negligenciados por expressivo número de países envolvidos na reestruturação de seus sistemas.

Sem dúvida alguma, o tema mereceria um estudo mais profundo. Entretanto, gostaríamos de lançar alguns elementos com o objetivo de alimentar o debate. Ora, um projeto de reforma tributária que contemple, principalmente, os impostos indiretos não poderia, em tempo algum, descuidar dos efeitos que esses poderiam engendrar sobre as diversas variáveis macroeconômicas. Nos países com graves problemas sociais e com excessiva concentração de renda, qualquer movimento brusco na manipulação de alíquotas do tributo pode agravar os efeitos perversos sobre os cidadãos e os mercados. Nesse caso, temos duas hipóteses a serem consideradas:

A primeira decorre, por exemplo, da elevação das alíquotas do imposto incidente sobre o consumo em um determinado mercado. Nesse exemplo, teremos não apenas a diminuição do poder aquisitivo da população como também um efeito recessivo devido à redução do consumo. Outro efeito nocivo seria o desencadeamento da espiral preço-salário em razão das demandas salariais e do aumento do custo do trabalho. Em acréscimo, teríamos a retomada do processo inflacionário e a perda de competitividade dos produtos nacionais nos mercados externos. Não obstante tratar-se de apenas uma medida aparentemente simples – a elevação, por exemplo, de um ponto percentual na alíquota do imposto – teríamos o desencadeamento de diversas situações nefastas.

A segunda perspectiva está diretamente relacionada ao fato de que o imposto sobre o consumo tributa a renda anteriormente submetida à tributação direta. Esse fato agrava a concentração de renda e oculta a realidade da carga tributária efetivamente aplicada. Por isso, o movimento das alíquotas repercute, sobremaneira, na capacidade contributiva do cidadão e desencadeia uma série de efeitos nocivos nos circuitos econômicos. Após a análise de diversos processos reformistas, podemos afirmar que boa parte dos países em desenvolvimento não tem condições técnicas de medir essa dinâmica. Situação contrária é verificada naquelas economias mais avançadas que possuem sofisticados instrumentos de aferição.

O contexto técnico e político dos processos de reforma tributária

Inicialmente, devemos lembrar a vocação fundamental dos tributos como instrumentos de justiça distributiva e de eqüidade social. Essa missão decorre da necessidade que as sociedades organizadas têm de financiar, ao mesmo tempo, as suas despesas públicas e de promover uma maior distribuição das riquezas produzidas. Esse contexto bidimensional define o perfil dos sistemas tributários: a busca constante dos ideais de eficiência e de eqüidade. São esses os pressupostos que devem guiar as discussões sobre a implementação de reformas, sobretudo, quando se detecta uma defasagem entre os contextos econômico e social e o sistema tributário vigente.

O viés técnico dos processos de reforma decorre, sobretudo, das chamadas externalidades provocadas pelos tributos, objeto da primeira parte desse desenvolvimento. Na vertente política do processo, são definidos os parâmetros doutrinários e ideológicos do processo. De um lado, o neoliberalismo ditou o tom das reformas empreendidas por países como os Estados Unidos e a Inglaterra. Do outro, o modelo social-democrata implementado por países como Alemanha e França. Em ambos os casos, constatou-se que a tendência estava voltada para a implementação de estruturas tributárias segundo as orientações de ordem política. No primeiro modelo, temos a adoção de políticas tributárias coerentes com a diminuição da presença do Estado na economia. No segundo, as estruturas visavam a preservar conquistas sociais consolidadas e se inseriam dentro das diretrizes partidárias.

Por isso, podemos reafirmar que um processo de reforma tributária é, antes de tudo, uma questão de método e um fenômeno dinâmico e complexo, gerando tensões políticas, econômicas e sociais.

As Lacunas da Reforma Tributária Brasileira

Os debates sobre a reforma brasileira têm se estendido ao longo de uma década sem que se chegue ao consenso necessário à aprovação de uma dos diversos projetos. O atual modelo tributário brasileiro encontra-se defasado e não atende mais as necessidades dos segmentos econômicos, sociais e políticos. Essa lacuna decorre da dinâmica das estruturas econômicas e sociais que, diante da lentidão do processo legislativo, tornam obsoletas as estruturas jurídicas anteriormente criadas. Além do convencimento político, esse processo legislativo necessita, também, de estudos técnicos que visam a medir as repercussões das reformas sobre as diversas variáveis macroeconômicas. São essas as dificuldades de qualquer projeto de reforma. Por essas razões, o processo brasileiro não avançou.

O contexto político do projeto de reforma tributária

A recente reunião realizada na Granja do Torto em Brasília nos mostra quão equivocadas são as propostas de reforma tributária. Nesses tempos de transformações sociais, as negociações em curso têm se revelado estéreis e o debate é marcado pela ausência dos fundamentos basilares da tributação. Em detrimento desses aspectos, privilegia-se a busca de resultados mais imediatos visando, com isso, a apaziguar todo universo econômico e político e, inclusive, o mercado internacional. Assim, o atual Governo perde a grande oportunidade de propor uma nova configuração para o sistema tributário brasileiro. O objetivo principal desse novo modelo seria o de promover ajustes na redistribuição da renda e de sustentar os projetos sociais. O tributo como fato social é um importante instrumento de redistribuição e de igualdade. Sem dúvida alguma, essa abordagem engendraria uma longa discussão e nos levaria a confrontos de ordem ideológica, o que colocaria em lados opostos as diversas correntes políticas que sustentam a base governamental.

Em proveito da provável saúde financeira dos Estados brasileiros, negligencia-se a necessidade uma análise mais profunda debate sobre as repercussões macroeconômicas da reforma tributária sobre os diversos segmentos nacionais. Além disso, temos ainda os graves desequilíbrios regionais que, pelo tom das propostas, persistirão. Os Estados mais desenvolvidos se queixam que perderiam receitas caso fosse adotado o modelo discutido na Granja do Torto. Contudo, esquecem que os demais Estados garantem mercado para os seus produtos, o que lhes assegura toda uma atividade econômica geradora de emprego e de renda. É importante lembrar, também, que no atual sistema, esses Estados desenvolvidos tributam a renda dos Estados mais pobres, agravando, ainda mais, as desigualdades regionais. Não bastassem as dificuldades entre as administrações tributárias estaduais, causou-nos espanto, a possibilidade de se criar um fundo de compensação visando a atenuar a mudança do regime de tributação na origem. Como se vê, falta embasamento teórico ao debate.

Na ocasião, o Ministro da Fazenda descartou qualquer discussão sobre as alíquotas do Imposto de Renda. Não há como realizar uma reforma estrutural do sistema tributário brasileiro sem discutir todas as hipóteses de tributação. A apartar duas modalidades de tributação que, teoricamente, têm a mesma base, deixou-se de observar que a tributação sobre o consumo é, também, uma forma de tributação indireta da renda. Por isso, estamos diante de uma variável de extrema importância em um sistema federal como o brasileiro, no qual a União tributa a renda e os Estados tributam o consumo.

No encontro falou-se em criar o Imposto sobre o Valor Agregado. Os negociadores se esquecem que o Brasil foi um dos primeiros países do mundo a adotar essa forma de tributação quando da reforma de 1965. O modelo surgido à época era o único capaz de garantir a neutralidade do imposto nos circuitos econômicos e se inseria na tendência moderna de tributação do consumo. Contudo, visando a garantir recursos para os grandes municípios brasileiros, separou-se a tributação sobre a prestação de serviços da tributação sobre o consumo. Ao longo dos anos, o imediatismo na condução da política tributária distorceu os fundamentos do imposto, o que o levou às atuais incoerências. Esse panorama tem sido o responsável pelo quadro de tensões entre os diversos entes federados.

Por que não uma reforma tributária negativa preliminar?

Os segmentos envolvidos nas discussões do projeto de reforma não podem esquecer a vocação fundamental do tributo como instrumento de distribuição de renda e de eqüidade social. Essa missão decorre da necessidade que as sociedades organizadas têm de financiar, ao mesmo tempo, as suas despesas públicas e de promover uma maior distribuição das riquezas produzidas. Esse contexto bidimensional define o perfil dos sistemas tributários: a busca constante dos ideais de eficiência e de eqüidade. São esses os pressupostos que devem guiar as discussões sobre a implementação de reformas, sobretudo, quando se detecta uma defasagem entre os contextos econômico e social e o sistema tributário vigente.

No caso brasileiro, o impasse, como traço marcante do processo, exige a implementação de uma reforma tributária negativa. E qual seria a sua amplitude? Preliminarmente, apontaríamos duas razões principais responsáveis pela atual ausência de margem de manobra necessária à qualquer reforma tributária. A primeira refere-se à pertinência do aparelho fiscal brasileiro, que se encontra em dissonância com as estruturas econômicas do país e é inadequado para um sistema predominantemente declarativo. O número de agentes fiscais é incompatível com a nossa extensão territorial, com o total da população e com o conjunto das atividades econômicas desenvolvidas. Com isso temos um universo de potenciais contribuintes que não participam do dever cívico decorrente do princípio de consentimento ao imposto. Se agregarmos ao montante das receitas públicas, os valores subtraídos ao Fisco, teríamos um acréscimo significativo da arrecadação sem provocar o aumento da carga tributária. Apesar dos esforços consideráveis, ainda estamos aquém dos sistemas mais modernos. A outra vertente da reforma tributária negativa está relacionada com a legislação tributária. No Brasil, além da vaca sagrada do sigilo bancário, temos a inexistência da imposição de ofício e de outros procedimentos sumários próprios de um sistema declarativo. Evidentemente, certos segmentos da sociedade civil poderiam alegar que essas mudanças poderiam ir contra a harmonia tributária vigente. Contudo, não esqueçamos que o direito é um fato social e como tal, deve evoluir para estar em consonância com o seu tempo.

Esses seriam os pressupostos de uma reforma tributária negativa necessária à margem de manobra indispensável a uma futura reforma positiva. Tal conclusão decorre da observação não só das diversas propostas de reforma tributária mas também das medidas adotada após a grande reforma de 1965. As estruturas econômicas e sociais brasileiras há muito pedem a concepção de um sistema que atenda suas necessidades. Infelizmente, os debates têm sido parcimoniosos e não contemplam aspectos tais como a eficiência e a eqüidade dos sistemas tributários. Devemos atribuir essa lacuna ao crônico desequilíbrio das contas públicas, o que deixa os diversos segmentos reféns de resultados mais imediatos e inibe toda e qualquer discussão mais ampla. Porém, esses objetivos só seriam alcançados através de uma etapa preliminar, a da reforma tributária negativa. Todo e qualquer objetivo exige a definição prévia de métodos racionais para a sua consecução, dessa forma, poderíamos criar um sistema tributário equânime e eficiente.

Conclusão

Ao longo desse trabalho procuramos demonstrar o enfoque que se deve dar ao tributo na atual proposta de reforma tributária. Aliás, não se trata de um novo enfoque. A partir da escola liberal e social-democrata, foram construídos os alicerces da tributação moderna. A missão do tributo como instrumento de repartição, de igualdade social e de solidariedade, consolidada através desses últimos dois séculos, permanece atual. Em toda evidência, o projeto da reforma tributária se distanciou desse enfoque e não está à altura das estruturas econômicas, políticas e sociais do País.

Bibliografia

BARBOSA, Ana Luíza Neves de Holanda, SIQUEIRA, Rozane Bezerra de. *Imposto ótimo sobre o consumo: resenha da teoria e uma aplicação ao caso brasileiro*. Brasília: IPEA, Texto para discussão nº 811, 2001. 51 p.

BOUVIER, Michel. *Introduction au droit fiscal et à la théorie de l'impôt*. Paris: Librairie Genérale de Droit et de Jurisprudence, 1996. 212 p.

FOUCAULD, Jean-Baptiste. "Les effets économiques d'une hausse de la TVA." *Cahiers français*, 274, 1996.

GEFFROY, Jean-Baptiste. *Grands problèmes fiscaux contemporains*. Paris: Presses Universitaires de France, 1993. 671 p.

LAURÉ, Maurice. *Science Fiscale*. Paris: Presses Universitaires de France, 1993. 414 p.

MIRRLESS, J.A. "Optimal Tax Theory: a synthesis'. *Journal of Public Economics*, 6, 1976.

STERDYNIAK, Henri, BLONDE, Maria-Hélène, CORNILLEAU, Gérard, LE CACHEUX, Jacques, LE DEM, Jean. *Vers une fiscalité européenne*. Paris: Economica, 1991. 392 p.

VALLÉE, Annie. *Les systèmes fiscaux*. Paris: Éditions du Seuil, 2000. 242 p.

Reforma Tributária: a unanimidade de cada um

Roberto Bocaccio Piscitelli

Desde 1988, quando se promulgou a mais recente Constituição brasileira, a discussão sobre a Reforma Tributária se transformou num tema do quotidiano, uma espécie de "obrigação" para todos os governos. Lamentavelmente, entretanto, como quase todos os assuntos relevantes da nossa realidade, costuma ser tratado de forma parcial, apressada, distorcida e oportunista. Afinal, falar sobre isto significa encarar a forma como o Estado brasileiro deve ser financiado e, antes de mais nada, o tipo e o tamanho de Estado que queremos ter. Não me parece que estejamos, hoje, suficientemente amadurecidos para definir, de modo próprio e imediato essa questão. Além do mais, não basta saber quanto precisaremos arrecadar nos próximos 5, 10 ou 15 anos: é essencial arbitrarmos os processos através dos quais canalizaremos – das famílias e das empresas – os recursos que serão colocados sob controle do Estado, de seus três Entes (supondo que a atual estrutura federativa seja mantida), para que as necessidades públicas que identificarmos como prioritárias sejam atendidas. Como é óbvio, dependemos de um sólido respaldo técnico, mas, sobretudo, de um amplo consenso político. Seguramente, nenhuma das

Roberto Bocaccio Pscitelli é Economista e Contador. Professor do Departamento de Ciências Contábeis e Atuariais da Universidade de Brasília. Consultor Legislativo da Câmara dos Deputados. Presidente do Conselho de Economia do DF.

propostas apresentadas pelos sucessivos governos e de ampla circulação na mídia, durante todos estes anos, preenche um ou outro desses requisitos.

Mas há uma coisa muito mais sutil, sub-reptícia, que vem ocorrendo há praticamente 15 anos, que não se manifesta como um processo de reforma e, no entanto, produziu enormes efeitos e profundas distorções. Sem que nos déssemos conta, e às vezes até sem a edição convencional de um ato legal, promovemos uma verdadeira *revolução* tributária. Só nos anos FHC, nossa carga tributária (somatório dos tributos em relação ao PIB) aumentou de quase 30 para cerca de 36%. Retrocedendo à época da nova Constituição, essa variação se situaria em torno dos 12 pontos percentuais, movimento, aliás, em sentido contrário ao da participação da renda do trabalho na nossa economia! E – veja-se – essas mudanças no perfil de apropriação da renda se fizeram *com* crescimento do PIB, que, mesmo modesto, vem-se acumulando. Em outras palavras: insiste-se publicamente numa reforma *constitucional* tributária, o que não impediu que a legislação ordinária e mesmo complementar – ou sua inexistência – instituísse tributos, majorasse alíquotas, concedesse benefícios, ampliando o quadro de distorções de nosso sistema tributário. O caso mais flagrante é o congelamento da tabela do Imposto de Renda das pessoas físicas, incorporando gradativamente novos declarantes e contribuintes, e agravando a situação de antigos contribuintes, pela simples inércia na atualização dos valores (inclusive deduções) da tabela progressiva.

Em certo sentido, a proposta encaminhada ao Congresso Nacional oferece riscos dessa mesma natureza, ao desconstitucionalizar vários assuntos e ao "flexibilizar" a aplicação de tantos outros, em relação aos quais o texto *autoriza* a adoção de um novo tratamento, entre os quais se destaca o mais polêmico e comentado de todos: a conversão do princípio da origem para o de destino no que diz respeito à repartição dos recursos provenientes da cobrança do ICMS nas transações interestaduais.

A propósito do assunto, é interessante notar como as discussões se têm concentrado nas questões federativas, ou seja, na repartição de recursos entre as três esferas da Administração, o que se constitui provavelmente no obstáculo mais importante a um avanço. (Convém atentar para o fato de que as principais negociações em curso envolvem governos federal e estaduais, e relacionam as duas reformas – tributária e previdenciária.) Quando o país está crescendo, é mais fácil distribuir os recursos; na situação atual, todavia, para alguém ganhar, alguém tem de perder, exceto se a carga tributária continuar aumentando e produzindo mais iniqüidades. É uma grande ilusão, é falacioso insistir no discurso sobre a "neutralidade" da Reforma, como se fosse possível encontrar uma fórmula mágica em um jogo de soma *zero*.

Alguns dados são impressionantes. A despeito de todo o discurso sobre a descentralização das competências e dos recursos – e apesar dos encargos cada vez mais pesados sob responsabilidade dos Municípios e dos Estados –, de 1995 a 2002, a fatia da União passou de 56,3% para 60,4% dos recursos efetivamente disponíveis. No mesmo período, os Estados (incluído o Distrito Federal) passaram de 27,5% para 24,75%. Acresça-se a isso o serviço da dívida dos Estados, com base no acordo firmado com a União, que implica em um comprometimento das receitas reais líquidas dos Estados de até 13%. Nas transferências recíprocas, os Estados saem perdendo: transferem para os Municípios mais do que recebem da União. Não é de se estranhar, assim, que também os Estados pleiteiem – a exemplo do que já ocorre com a União há muitos anos – a sua desvinculação de receitas, em outras palavras uma espécie de suborçamento em que nada está (aparentemente) previamente comprometido (desde que se desconsidere o superávit primário). Tampouco surpreende a disposição de Estados e Municípios de se beneficiarem da partilha/transferência calculada sobre todos os tributos da União (mesmo os que têm vinculação específica), a exemplo da CPMF e da CIDE – Combustíveis. E mais: também os Estados pleiteiam a sua DRU – Desvinculação de Receitas Orçamentárias, como já ocorre hoje com a União, que se apropria inclusive de parcela das contribuições destinadas à Seguridade Social.

Os entes federados não parecem confiar na União (e certamente têm boas razões para isso), tanto que jamais abririam mão do ICMS, que tem vocação nacional e é o principal tributo brasileiro. A "guerra fiscal" tem sido uma aliada circunstancial das unidades que, à falta de políticas regionais e urbanas, diante da míngua de recursos, e dada, ainda, a inexistência de mecanismos e instrumentos próprios (como, por exemplo, instituições financeiras regionais ou estaduais), não querem abrir mão de preservar um mínimo de autonomia em matéria de política econômica. A tentativa de legislação nacional é um meio-caminho para a obtenção de um mínimo de uniformidade e simplificação.

De qualquer modo, o caminho tomado pode ter sido o mais difícil. É frágil e inconsistente o equilíbrio estabelecido a partir de 1988 entre a União, as 27 unidades federativas e os mais de 5.500 municípios, num país com gritantes diferenças regionais, mas que se reproduzem às vezes com mais intensidade no âmbito do microcosmo das regiões metropolitanas. É paradoxal, mas diferenças pessoais de renda e as condições de vida de algumas periferias chegam a ser mais dramáticas que certas disparidades inter-regionais.

Releva assinalar que o volume de transferências obrigatórias e negociadas é considerável; porém, os critérios adotados estão visivelmente superados, defasados. Em alguns casos, cristalizaram-se, como em relação ao Fundo de Participação dos Estados e do Distrito Federal; em outros, sofrem os efeitos de uma continuada postergação para o restabelecimento dos princípios de origem, como ocorre com o Fundo de Participação dos Municípios; em outros, há uma total incompatibilidade com a composição das atividades econômicas, tal como no Fundo de Compensação das Exportações. Tais critérios, estanques, tendem a se tornar cada vez mais "redistributivistas", não levam em conta a dinâmica econômica e social de cada área geográfica do País, e acabam gerando enormes distorções, como, por exemplo, a inversão de posições entre Estados do Norte e das regiões ditas desenvolvidas *após* as transferências, quando se toma como parâmetro a receita tributária efetivamente disponível *per capita*.

Estas reflexões são relevantes, à medida que a discussão da chamada Reforma Tributária se bi(ou tri)polarizou no âmbito da própria estrutura do Estado, deixando em segundo plano as questões dos demais agentes econômicos, as empresas e as famílias. É digno de nota o fato de que as preocupações com o chamado princípio da *eficiência* já tiveram mais destaque. Houve um momento em que a maior parte das atenções estava voltada para a cumulatividade, com todos os problemas que ela gera do ponto de vista da competitividade externa e interna da produção nacional, da oneração dos investimentos e da distorção dos preços relativos. Entretanto, o processo de encaminhamento da proposta parece ter tangenciado a questão, não obstante a previsão de não-cumulatividade da COFINS para setores a serem definidos em lei. (É bom lembrar que a não-cumulatividade do PIS/PASEP agravou a tributação dos setores não beneficiados, e o reflexo foi um aumento líquido da arrecadação, da carga tributária, por conseguinte.)

Não se deve negligenciar o fato de que modificações dessa ordem provocam alterações nos preços relativos, e podem ter influência significativa em economias locais, menos diversificadas, dependendo da composição setorial característica do respectivo Estado ou Município. De qualquer maneira, a discussão sobre este eixo ficou bastante restrita.

A manutenção da CPMF, por exemplo, com a possibilidade de permanecer com a mesma alíquota (e até aumentar, conforme pleito de vários segmentos), compromete parte dos esforços no sentido de aperfeiçoamento *técnico* do sistema tributário, e é quase inacreditável que sirva de pretexto para a fiscalização tributária: um Estado que só consegue acompanhar a movimentação financeira de seus cidadãos porque instituiu a CPMF é, decididamente, um Estado muito frágil, incapaz de exercer a sua soberania tributária, refém da lavagem de dinheiro e com fortes características de paraíso fiscal.

Ainda sobre competitividade, não deixa de ser frustrante que a não-incidência, nas importações de produtos estrangeiros, de contribuições que oneram o produto brasileiro, continue incólume. E, por fim, a constitucionalização da desoneração indiscriminada das exportações pode constituir-se mais em um sinal de atraso que de avanço, ainda que sob o argumento da prioridade às exportações, da obtenção de divisas, do superávit comercial e do equilíbrio das contas externas, pois tudo isso não justifica uniformidade de tratamento, conferido indistintamente, indiscriminadamente a produtos dos mais diferentes graus de valor agregado. Por maior que seja a propensão à abertura escancarada à globalização sem fronteiras, o País poderá estar estimulando – ou, pelo menos, eliminando barreiras – a exportação de produtos mais baratos, de cotação mais instável, gerando tensões inflacionárias internas, transferindo tributos e contribuindo para fomentar o emprego em países mais desenvolvidos.

O outro eixo que poderia ter sido tomado pela Reforma é aquele que mais tem sido negligenciado, que poderíamos denominar, de forma genérica, de *justiça tributária*, que corresponde, em suma, à distribuição da carga segundo a capacidade contributiva de cada um, consideradas suas características pessoais e familiares, de que é símbolo o Imposto de Renda das pessoas físicas.

É bem verdade que o Imposto de Renda – tanto das pessoas físicas como jurídicas, tem sido sucessivamente alterado, e essas alterações não precisam de reformas da Constituição. Falta justamente colocar em prática seus princípios basilares, insculpidos na própria Constituição: universalidade, generalidade, progressividade, tudo o que se perdeu principalmente na legislação da pessoa física. O IR das pessoas físicas se transformou virtualmente num tributo cobrado sobre os rendimentos do trabalho, em particular assalariado, formal, urbano, sobretudo de servidores públicos, cuja renda efetivamente percebida é declarada e previamente apropriada pelo Estado (na fonte).

O Imposto de Renda tem sido, por excelência, o tributo utilizado como instrumento de renúncias fiscais, além de seu enorme potencial para efeitos de elisão e de planejamento tributário. Aqui, deve-se destacar a necessidade de uma profunda revisão no sentido de restabelecer o verdadeiro significado do Imposto de Renda. No caso da pessoa física, é absolutamente necessário graduá-lo de forma mais racional, criando novas faixas, reduzindo as distâncias entre as suas alíquotas, reduzindo a alíquota inicial, elevando o limite de isenção pelo menos até o mínimo de sobrevivência familiar, ao mesmo tempo em que a ampliação e atualização das deduções é condição para assegurar a tão desejável eqüidade horizontal e vertical. Além do mais, é inaceitável continuar atribuindo um tratamento mais gravoso ao trabalho e deixando de fora da tabela progressiva os rendimentos de capital, alguns inclusive isentos, como é o caso da distribuição de lucros (inclusive nas remessas para o exterior).

No caso da pessoa jurídica, o imposto vem-se transformando, na prática, em mais um tributo sobre o faturamento, a receita bruta, com uma reduzida proporção de empresas sendo tributadas com base no lucro real, no resultado demonstrado pela escrituração. De um lado, o imposto está deixando de ser aplicado sobre os lucros, os resultados; de outro, está-se abandonando o mais completo banco de dados econômico-fiscais de que dispúnhamos, dificultando a formulação e execução de políticas tributárias e abrindo mão de valiosíssimas informações de interesse da própria política econômica de um modo geral. Nada disso é sequer cogitado no processo da Reforma.

No que diz respeito aos impostos patrimoniais, sua participação é insignificante no Brasil, da ordem de 3%. Destacam-se na proposta:

- a eliminação da exigência de lei complementar para a instituição do Imposto sobre Grandes Fortunas, o que facilita sua aprovação, ainda que ao preço de uma certa instabilidade ou precariedade na relação Fisco-contribuinte;
- a transferência de competência – para o Estados e o Distrito Federal – do Imposto Territorial Rural, de efeitos muito duvidosos e discutíveis. Torna-se expressamente progressivo, terá legislação nacional, mas talvez devesse constituir instrumento de política nacional, integrado, além do mais, ao Imposto de Renda. A sua arrecadação tem-se constituído em um rotundo fracasso;

- a transformação do Imposto sobre Heranças e Doações em expressamente progressivo, dependendo de lei complementar, o que asseguraria mais uniformidade e estabilidade, mas mantido na órbita estadual;
- a possibilidade de aplicação da progressividade com relação ao Imposto sobre Transmissão de Bens Imóveis, levando em conta o valor do imóvel, bem como de alíquotas diferentes em razão da localização e uso do imóvel, o que pode constituir-se em vigoroso instrumento de política urbana.

Convém, ainda, notar que a Reforma invadiu o capítulo da Seguridade Social, possibilitando a substituição da Contribuição incidente sobre as remunerações do trabalho – destinadas especificamente ao financiamento da previdência social – por uma nova Contribuição sobre a receita ou faturamento, ainda que não-cumulativa, o que parece atender o clamor pela desoneração da folha de pagamentos.

Trata-se, na realidade, de uma questão sempre mal colocada, pelo viés ideológico de que se reveste e pela metodologia equivocada de cálculo que tem sido apresentada à opinião pública. A Previdência vem perdendo receita por várias razões: como se não bastassem o aumento do desemprego e da informalidade, e a queda contínua do nível de renda do trabalho, os tratamentos diferenciados – em que se destaca o SIMPLES (para não falar nos vários tipos de "filantropia") – só agravam esse quadro, pois, no conceito restrito e artificioso de "déficit" da Previdência, todas as demais fontes de recursos da Seguridade (que engloba também saúde e assistência) não são computadas. Preocupa também o fato de a medida representar maior concentração das bases de cálculo, jogando com mais um tributo sobre o faturamento/receita bruta, tornando menos estáveis os níveis de arrecadação e mais atraente a sonegação.

Finalizando, a outra grande questão. Propostas e propostas têm circulado nos últimos anos neste País, mas nenhuma – ou alguma honrosa exceção, como é o caso do UNAFISCO Sindical – parece enfrentar o grande dilema do nosso Sistema Tributário: é o fortalecimento, a autonomia da *Administração* Tributária. Fica cada vez mais evidenciado, em praticamente todo o mundo, que o melhor sistema tributário só se sustenta com a *efetividade* de sua aplicação. Ora, isso depende não só da regulamentação da matéria legal, da determinação política de fazê-la valer, mas principalmente de sua implementação através de procedimentos específicos de arrecadação, fiscalização e tributação, da probabilidade de apuração, julgamento e cobrança dos débitos fiscais, de sua execução (judicial), da agilidade na consecução de todas as providências que assegurem o cumprimento da legislação. A Reforma simplesmente não toca no assunto; não se tem a evidência de que exista uma verdadeira disposição para tanto. A sonegação no Brasil tem sido estimada em níveis inacreditáveis. A legislação tem brechas que transformaram os profissionais da área em especialistas requisitadíssimos e pagos regiamente.

Talvez a maior das injustiças em matéria de tributação é constatar que a legislação só se aplica aos inimigos, é verificar que o concorrente atua livremente, é dar-se conta de que, com a impunidade em matéria fiscal, o crime compensa. Como sempre nestes casos, a realidade não se conforma ao modelo. A má-vontade é ainda maior quando, segundo todas as estimativas, a carga tributária decorrente da adoção do novo Sistema deverá ultrapassar 40% do PIB. Ninguém gosta de pagar imposto, muito menos o que os outros deixam de pagar. Afinal, suporta-se melhor a injustiça da legislação que a parcialidade e a cumplicidade da Administração. É preciso saber para que se vai pagar mais e em que nossa vida irá melhorar.

Notas sobre Reforma do Estado e Reforma Tributária

João Paulo M. Peixoto

Introdução

No período que se seguiu à queda do comunismo soviético e ao surgimento do Consenso de Washington, vários países em desenvolvimento experimentaram uma década de reformas estruturais. No entanto, sem que tenham completado suas agendas de reformas, estes países vêm enfrentando um intenso debate político, centrado nas preocupações relativas ao futuro das reformas e das adequadas funções do Estado.

A fase pós-consenso de Washington indica novas perspectivas em relação à definição do perfil do Estado.

A definição do papel do Estado foi sempre objeto de muito debate. Independentemente de regime político ou ideologia, a busca por um Estado eficiente sempre esteve no topo da lista de prioridades de governantes de quase todos os países. Desde 1990, a grande e imemorial divisão existente entre esquerda e direita, relativamente a questões econômicas (capitalismo *versus* socialismo, monetarismo *versus* estruturalismo, liberalismo ortodoxo *versus* 'keynesianismo' e/ou mercado livre *versus* intervencionismo

---

João Paulo Peixoto - Professor de Política e Administração Pública da UnB. MSc pela The London School of Economics and Political Science. Organizador do livro "Reforma e Modernização do Estado: aspectos da experiência brasileira recente" (Editora Uva, 2000).

econômico do Estado), foi aspecto-chave no debate em torno da reforma do Estado e da modernização do setor público.

A despeito do arcabouço político ou econômico que se escolha, os governos de fato fazem diferença na vida dos cidadãos. Contudo, quanto maior o papel do governo, menor capacidade de autogoverno parece haver na sociedade. A razão para um governo 'grande' condicionar sempre uma 'pequena' sociedade se deve ao fato de um Estado política e economicamente intrusivo impedir o desenvolvimento da cidadania plena.

O colapso do socialismo real sinalizou o fim da noção de que um Estado diretivo, centralizador e auto-suficiente poderia ser o caminho para a justiça social e o desenvolvimento econômico de países em desenvolvimento.

No começo da década de 90 do século passado, uma nova onda de democratização se espalhou pelo mundo, alcançando o Leste Europeu, a antiga União Soviética, a Ásia e a África. Junto com a democracia, vieram as reformas centradas no mercado, fato em quase todos os países desses continentes, impulsionadas pelas forças contemporâneas da globalização. O rápido surgimento, notadamente a partir de 1990, de democracias liberais mundo afora foi tão impressionante que incitou Francis Fukuyama a publicar um livro bastante provocativo defendendo a tese de que o "fim da História"[1] havia chegado. Essa idéia foi entendida como a vitória da democracia liberal e do neoliberalismo como forma acabada de organização política e econômica para todas as nações. Como é sabido, não é o que temos assistido neste período pós-queda do Muro de Berlim.

Hoje, a reforma do Estado é vista como uma nova iniciativa estratégica para o desenvolvimento, menos alicerçada no Estado e mais dependente das forças do livre mercado. De qualquer modo, essa mudança de paradigma para o desenvolvimento ocorreu sem que se perdesse de vista o adequado papel do governo no provimento de 'bens públicos' fundamentais, como a educação, a saúde e a segurança pública.

Dois Paradigmas: O Welfare State e o Consenso de Washington

As discussões em torno da reforma do Estado carregam como herança recente o conjunto das políticas anticíclicas de base keynesiana – *Welfare State* – e as reformas de primeira geração do Consenso de Washington.

O *Welfare State* implementado nos últimos cinqüenta anos fundamenta-se no financiamento público da economia capitalista. O fundo público e os gastos sociais, desta forma, financiariam a acumulação de capital e a reprodução da força de trabalho. Surge no contexto da reconstrução européia do pós-Segunda Guerra, a partir da prosperidade econômica fundada na iniciativa americana de prover liquidez ao sistema internacional por meio da criação de instrumentos multilaterais (FMI e BIRD) e, especialmente, do Plano Marshall.

Caracterizava-se, segundo Oliveira, pela "(...) medicina socializada, a educação universal gratuita e obrigatória, a previdência social, o seguro-desemprego, os subsídios para transporte, os benefícios familiares (quotas para auxílio-habitação, salário família) e, no extremo desse espectro, subsídios para o lazer[2]". Além desses benefícios, setores considerados estratégicos do Estado ainda seriam contemplados, como: ciência e tecnologia, indústria civil e militar, agricultura, e mercado financeiro.

Essa forma de governo foi indispensável para alavancar o desenvolvimento, mas também foi responsável pelo aumento considerável da dívida pública nos países que adotaram essas políticas. O quadro a seguir compara a evolução da despesa pública em relação ao PIB nos países listados entre, 1969 e 1981.

Países	1969	1981
Alemanha	19%	26%
França	16%	25%
Itália	16%	23%
Holanda	16%	30%
Bélgica	16%	28%
Inglaterra	15%	22%
Dinamarca	16%	27%

Fonte: Oliveira (1998, 21-22).

O primeiro choque que abala essa estrutura é a própria internacionalização produtiva e financeira da economia capitalista que desestrutura a circularidade produtiva dos processos de retroalimentação dos fundos públicos. Isso causa deterioração das receitas fiscais e, ultimamente, déficit público. Adicionalmente, as causas desse déficit público podem ser também imputadas ao envelhecimento da população, à corrida armamentista e, notadamente, à crise do petróleo a partir de 1973. Outro fator importante, no âmbito das relações internacionais, é o desmoronamento do bloco soviético, com a ascendência de Mikail Gorbachev e a implantação da *Glasnost* e da *Perestroika*.

É nesse contexto que surgem as reações conservadoras ao Estado do Bem-Estar, iniciadas no período Thatcher-Reagan. A de maior abrangência e aceitabilidade foi sem dúvida o Consenso de Washington. Calcado na estabilização macroeconômica, na liberação financeira e comercial, desregulação dos mercados, e privatização de empresas estatais, o plano foi adotado de Norte a Sul. Só para se ter uma idéia da abrangência do plano, tomando como referência um item cerne do Consenso – as privatizações -, de acordo com o relatório[3] do Departamento Norte-Americano de Energia, entre 1988 e 1993, mais de 2.700 empresas estatais em cerca de 95 países foram transferidas para a iniciativa privada, totalizando um montante de 270 bilhões de dólares em investimentos.

Assim, nos debates promovidos pelo Institute for International Economics, ocorridos em novembro de 1989, cujo tema foi "Latin American Adjustment: How much has happened?", dá-se a origem do chamado *Washington consensus*, inspirador de políticas 'neoliberais' praticadas pelos governos na década de 90. Posteriormente, os debates centraram-se na discussão de "circunstâncias favoráveis e nas regras de ação que poderiam ajudar um *tecnopol*[4] (países com corpos burocráticos mais estruturados) a obter o apoio político que lhe permitisse levar a cabo com sucesso"o programa de estabilização e reforma econômica denominado Consenso de Washington. Este programa, um plano único de ajustamento das economias periféricas, chancelado, novamente, pelo FMI, pelo BIRD e por outras agências internacionais, em mais de setenta países em todo o mundo seria uma estratégia de homogeneização das políticas econômicas nacionais, operada, ou diretamente por técnicos próprios daqueles Bancos (Somália, início dos anos 80), ou com a ajuda de economistas universitários norte-americanos (Bolívia, Polônia, Rússia), ou ainda, por *tecnopols*, que poderiam utilizar-se do perfeito manejo do seu *mainstream*, somado à capacidade e força política, para implementar em seus países a mesma agenda do Consenso.

Resumidamente, o programa se desenrolaria em três fases:

1ª. Estabilização macroeconômica – superávit fiscal primário, revisão das relações fiscais intergovernamentais e reestruturação dos sistemas de previdência pública;

2ª. Reformas estruturais – liberação financeira e comercial, desregulação dos mercados e privatização de empresas estatais;

3ª. Retomada dos investimentos e crescimento econômico.

Os insucessos das políticas monetaristas de estabilização nos países foram justificados, nos anos 80, pela falta do "fator-credibilidade" (tentativas de re-regulação do câmbio e dolarização) e, nos anos 90, pela falta do "fator-político" no sucesso ou no fracasso dos programas econômicos.

O "fator político" estaria intrinsecamente conectado às condições favoráveis à implementação do programa como:

Países em situação pós-catástrofe (guerra ou hiperinflação); falta de resistência oposicionista; liderança forte e capaz de 'insularizar' a oposição com relação às demandas sociais; formação prévia de uma coalizão de poder, suficientemente forte para controlar governos sustentados por maiorias parlamentares; situação que transmita credibilidade aos analistas de risco das grandes empresas de consultoria financeira.

Fiori classifica o Plano Real brasileiro como integrante da "grande família dos planos de estabilização discutidos na reunião de Washington", correlacionando os pontos do programa e suas condições favoráveis de implementação à realidade dos fatos ocorridos no Brasil: histórico de hiperinflação que desestruturou a oposição; eleição de liderança forte – o sociólogo Fernando Henrique Cardoso; formação de uma coalizão de poder em torno da liderança; permanência do plano de estabilização do FMI e das reformas preconizadas pelo Banco Mundial, transmitindo credibilidade aos atores. Assim as três fases do programa de estabilização e reforma econômica poderiam ser concretizadas.

A fase final de implementação do programa passa necessariamente por uma internacionalização do mercado interno, que deverá estar devidamente apoiada no 'Tripé' de sustentação econômica de qualquer país *tecnopol* – associação econômica e política do empresariado nacional, com os capitais internacionais e o Estado. Isto se dá porque a globalização não é um processo completamente apolítico, como vem sendo verificado desde os anos 80. Os ajustes nacionais necessariamente têm de levar em conta não tão somente questões econômicas, mas também, políticas, como as pressões de governos e organismos multilaterais sobre as economias periféricas.

Esse último ponto é central para o entendimento das tendências da aplicação dessas políticas nos Estados. O que se verifica hoje, à exceção de algumas experiências profícuas, é que há desilusão contagiante. Na América Latina – o caso da Argentina é paradigmático – observa-se outra década de crescimento lento permeada por crises freqüentes originadas na constatação de que não houve redução significativa da pobreza e aumento do nível de empregos. Questões estas que colocam em cheque a legitimidade dos líderes políticos e a própria democracia. Não colabora para alterar esta situação um contexto de recessão mundial originada na desaceleração da economia americana (escândalos de contabilidade de grandes empresas, queda das bolsas e adoção de políticas unilaterais).

A despeito dessas constatações o fato concreto é que as reformas foram implementadas praticamente em todas as economias em transição do mundo. Em maior ou menor grau, os países se viram estrangulados por uma crise fiscal sem precedentes e déficits de performance que alavancaram a necessidade de ajuste no papel do Estado. Ainda, as pressões advindas da consolidação da posição dos países em relação à globalização e a defesa da democracia direcionaram os países ao que Flávio da Cunha Rezende[5] chama de Agenda 'Convergente', o próprio Consenso de Washington.

Reforma do Estado e Reforma Tributária: imperativos democráticos e federativos

No Brasil, fortes argumentos indicam uma tendência pragmática na condução das reformas estruturais:

1) a desideologização dos partidos políticos e da própria sociedade cujo maior exemplo é o elevado grau de personalização da vida política nacional;
2) a ausência de tradição liberal consistente na história política brasileira moderna;
3) a dicotomia entre a origem partidária trabalhista do presidente e de seus principais formuladores políticos e a *praxis* neoliberal contida nas propostas de reformas institucionais;
4) a grave crise fiscal que exige medidas econômicas ortodoxas de enxugamento do aparato estatal, restrição do crédito e contenção de gastos públicos, não dando margem a concessões de natureza ideológica;
5) o esgotamento do modelo de desenvolvimento econômico baseado na ideologia do intervencionismo estatal;
6) a pressão externa causada pela disseminação do modelo econômico baseado na economia de mercado, a nível internacional.

A crise econômica do Estado brasileiro tem sido visivelmente eloqüente no que diz respeito à necessidade de um ajuste fiscal destinado a reduzir o déficit público a patamares suportáveis que permitam ao governo recuperar sua capacidade de investimento e gerência eficiente das contas públicas. Isto não será possível sem as reformas estruturais que alterem principalmente as realidades tributária, administrativa e previdenciária. O chefe de Governo, os governadores estaduais e as principais lideranças do Congresso não têm agido ideologicamente nestas questões e sim reagido a uma situação de grave crise fiscal instalada em seus domínios políticos.

As metas políticas e econômicas do ajuste estrutural não serão atingidas graças a movimentos apoiados em ideologias políticas, e sim naqueles sustentados em ações pragmáticas voltadas para a recuperação da capacidade de gestão econômica-financeira eficiente, por parte do Estado. Não obstante o foco central deste artigo seja o governo nacional, estas mesmas atitudes reformadoras são necessárias nos âmbitos estadual e municipal, pois estas unidades padecem da mesma situação de desajuste de suas finanças públicas.

As propostas de reforma tributária, apresentadas ao Congresso desde o governo Collor, inserem-se neste contexto político e econômico. De lá até hoje, no entanto, nenhum governo foi capaz de implementar nenhuma delas.

O governo do presidente Luiz Inácio Lula da Silva enviou ao Parlamento mais uma versão de reforma tributária, desta vez com apoio substancial dos governos estaduais. Todos afogados na incapacidade de realizar novos investimentos para a realização de suas metas políticas. Este é sem dúvida um fato novo que lança uma perspectiva concreta de aprovação. Outro alento, sem dúvida, vem do expressivo grau de legitimidade do presidente, associado ao cansaço da sociedade em relação ao excessivo número de impostos; à excessiva carga tributária *versus* a baixa qualidade dos serviços públicos essenciais e ao gritante desequilíbrio federativo.

Impostos e cidadania: o peso do Leviatã

Mesmo deixando de lado o fato de que, numa perspectiva econômica liberal, que não é o caso, a redução de impostos pode ser viável, como demonstram alguns notórios exemplos de política econômica, até se entende a voracidade burocrática dos zelosos domadores do Leão em defesa do atual nível da carga tributária tupiniquim. Afinal de contas, o fisco é o coração do Leão. Se parar o Leviatã morre. Certamente não é isso que se deseja. Até porque a doutrina política que pregava o fim do Estado, acabou em sua experiência concreta, antes dele. Por outro lado, tampouco é razoável supor que o cidadão brasileiro esteja satisfeito com o nível dos serviços públicos oferecidos pelo governo em contrapartida do pagamento dos inúmeros impostos a que está submetido.

É notório que o Estado brasileiro está longe de satisfazer às legítimas expectativas da sociedade no que diz respeito a três de suas funções clássicas: educação básica, saúde e segurança pública. É exatamente nestes setores onde se faz mais visível a aguda crise porque que passam as instituições públicas no Brasil. Há pelo menos quinze anos a sociedade assiste à deterioração dos serviços públicos essenciais, seja em nome do populismo, seja em nome da crise fiscal do Estado, ou pelas duas razões juntas.

A carga tributária paga pelos brasileiros dá-lhes o legítimo direito de um serviço público de melhor qualidade, traduzido em um sistema público de saúde capaz de atender com dignidade a todos, em um sistema de educação básica que atraia, também os jovens da classe média e em um sistema de segurança pública que, longe de intimidar o cidadão, inspire respeito e confiança. É pedir muito para um país que ostenta a décima economia do mundo, o maior parque industrial e a mais competente burocracia da América Latina, com um PIB de mais de US$ 500 bilhões e um bem sucedido programa de estabilização econômica? Não, não parece que seja nenhum favor do Estado o urgente atendimento dessas expectativas da sociedade. Pelo contrário, é sua obrigação.

Volta e meia, no entanto, a Receita Federal brasileira proclama que a carga tributária dos brasileiros não é tão elevada se comparada a de outros países – Estados Unidos, França, Itália e Inglaterra, para não lembrar senão alguns dos mais citados nessas comparações. Tudo bem, até pode ser. O problema é quando se compara, também, o nível dos serviços públicos oferecidos por aqueles países com os daqui. Lá, os governos não falham no cumprimento de suas funções clássicas e insubstituíveis, citadas anteriormente. É notória e reconhecida mundialmente a eficiência e o respeito nutrido pelos ingleses para com seus policiais. Nos Estados Unidos, o destino de, aproximadamente 70% dos rapazes e das moças é a escola pública. Gratuita e de qualidade, diga-se de passagem. Na França, a quase totalidade dos jovens freqüentam a escola pública. A seriedade da justiça italiana é apontada como um dos pilares da estabilidade institucional, que se contrapõe à quase folclórica instabilidade política do país. O profissionalismo das burocracias francesa e inglesa inspirou reformas e modelos de administração pública por aqui. Lá, os cidadãos certamente gostariam de pagar menos impostos, mas duvido que queiram abrir mão dos serviços públicos que têm. Aqui, a revolta é dupla. Pelo montante de impostos pagos, de uma parte, e pela má qualidade dos serviços públicos, de outra. A classe média, no Brasil, apesar de recolher religiosamente os seus impostos, é obrigada a pagar a escola particular pela semifalência da escola pública; o plano de saúde particular ou patronal pela incapacidade do sistema oficial; a segurança privada, em razão da fragilidade institucional e operacional da polícia. O ranger dos dentes, com certeza seria menor, caso o cidadão recebesse, na forma de serviços públicos eficientes, a contrapartida daquilo que recolhe ao fisco. Enfim, ao Leviatã o necessário para sua pulsação, à sociedade, mais cidadania.

Por último, mas não finalmente, vale lembrar que o Brasil está entre os países que mais rejeitam o aumento de impostos.

Tendências

A tendência política em relação ao papel do Estado parece ser a de acompanhar o movimento pendular de retorno ao Estado racional. Longe tanto do coletivismo soviético como do fundamentalismo de mercado. Esta busca da racionalidade quanto à adequada dimensão do Estado encontrará em políticas públicas pragmáticas uma âncora segura para o desempenho eficiente de sua tarefa precípua e razão de sua existência que é a promoção do bem comum.

O 'retorno do *pendulum*' parece cada vez mais evidente para contrabalançar os exageros, as vezes indiscriminado, na adoção de modelos de reforma que, muitas vezes ignoram os aspectos culturais, históricos e políticos de diferentes pólis. Não que se vá retornar ao dirigismo estatal na política ou na economia. Mas também que não se adote indiscriminadamente regimes políticos e econômicos, sem que se faça, obviamente a necessária redução sociológica, no dizer de Guerreiro Ramos. A adoção precoce de determinadas fórmulas administrativas para o setor público ou para a economia tem sido um mal a trabalhar contra o próprio modelo, muitas vezes positivos em si mesmos, quando adotados no tempo certo.

Pelo que se avizinha politicamente para esta primeira década do novo século, é de se supor uma 'meia-volta' no sentido da retomada do papel do Estado, e do seu fortalecimento, naquelas que sempre foram suas funções clássicas. A idéia do Estado mínimo está em declínio, embora isto não signifique o retorno do Estado máximo. Novamente, a discussão em torno do papel e do tamanho do Estado, não deve obedecer a rigorosos dogmas ou ideologias políticas. Devendo girar, portanto, ao redor de questões mais pragmáticas voltadas para o desenho de um arcabouço institucional e para o estabelecimento de um aparato estatal capazes de fazer valer o que realmente interessa: o adequado funcionamento do Estado Democrático de Direito; a promoção da justiça social; a estabilidade macro-econômica e o desenvolvimento.

A despeito dos problemas enfrentados hoje, ressalta a conquista da estabilidade econômica em muitos países, a razoável recuperação do crescimento e o progresso social, especialmente nas áreas de saúde e educação, apesar da continuação dos problemas de qualidade, como fatores positivos da implementação das reformas.

Isto posto, segundo Williamson, o que os países subdesenvolvidos necessitam fazer é aprofundar ou completar as reformas de primeira geração supracitadas, pragmaticamente e não dogmaticamente, o que tornaria os países menos vulneráveis às crises. A flexibilização do mercado de trabalho é, indubitavelmente, o foco desse aprofundamento, segundo o professor. O desenho dessa flexibilização não poderia envolver, no entanto, um assalto aos direitos de propriedade. A via a ser seguida seria: a substituição das garantias trabalhistas pelo seguro desemprego; a mudança do sistema previdenciário para a definição de contribuições e não de benefícios; e a flexibilização dos contratos de trabalho, entre outras medidas liberalizantes.

A implementação das reformas de segunda geração para a manutenção da estabilidade seria o objetivo central a ser amplamente proposto. Isso envolveria, primeiramente, o aprimoramento e fortalecimento da capacidade institucional, principalmente do Judiciário, e do setor financeiro, por meio da criação e manutenção da infra-estrutura institucional da economia de mercado, da provisão de bens públicos e da internalização de externalidades. Outro ponto importante é a distribuição da renda. Ainda salienta outras formas de distribuir a renda que tem raiz em uma reforma ampla do sistema tributário, no incentivo à educação, na reforma agrária eficiente e no estímulo ao micro crédito. O desafio hoje é aprender a dirigir uma economia de mercado para beneficiar a todos e não a somente uma minoria.

Cada vez mais prevalece, no entanto, a necessidade de implementação de políticas públicas baseadas no pragmatismo, esquivando-se do debate ideológico e das tentações dogmáticas. Ao menos nestes tempos de crise das ideologias.

Considerações finais

Examinando diferentes situações, não se pode apontar a culpa pelos fracassos ou sucessos das reformas numa só direção. Nem o êxito do caso chileno nem o fracasso do modelo argentino têm, no 'receituário' do Consenso de Washington, a razão isolada para o resultado positivo ou negativo, embora contribuíssem tanto para um como para outro.

Quanto ao papel do Estado, a situação não é diferente. Há um consenso cada vez mais forte em torno de algumas atribuições monopolísticas a serem desempenhadas pelo Estado nacional, independentemente da matriz ideológico-partidária de um governo transitório.

Hoje tanto os governos liberais como os social-democratas reconhecem a importância do mercado, até mesmo para a realização de suas metas sociais e de redistribuição de renda.

As reformas estruturais vêm acontecendo em países de regimes políticos e culturas políticas tão diferentes como China e Brasil, por exemplo. O primeiro praticando o fechamento político simultaneamente com a abertura econômica e o segundo implementando as mudanças ao sabor das pressões típicas da democracia e dos interesses político-partidários, dificultadas pela prática de um presidencialismo de coalizão.

Ao contrário do que alguns afirmam, a reforma do Estado não tem como foco o enfraquecimento do Estado, mas sim o fortalecimento seletivo do Estado. As mudanças, por sua vez, são desafios de longa duração concebidos para melhorar a capacidade do Estado de promover a democracia, o desenvolvimento econômico, a justiça social e a redução da pobreza.

Referências Bibliográficas

EVANS, Peter. *The Eclipse of the state? Reflections on stateness in an era of globalization*. Paper, University of California, Berkeley,1997.

GIDDENS, Anthony. *Third Way Politics*, Paper in print, 1999.

NONNEMAN, Gerd (Ed.) *Political and Economic Liberalization: Dynamics and Linkages in Comparative Perspective*. Boulder: Lynne, Rienner Publishers.

WILLIAMSON, John(Ed.)*The Political Economy of Policy Reform*. Washington, D.C.: Institute for International Economics, 1994.

_______________(Ed.), *The Progress of Policy Reform in Latin America in Latin American Adjustment: how much has happened?* Washington: Institute of International Economics, 1990.

CALDAS W. Ricardo e PEIXOTO, João Paulo M. *Regimes Políticos, Eleições, e Reformas Econômicas: de João Figueiredo a Fernando Henrique Cardoso*. Brasília: Brasília Jurídica, 2001.

KRUEGER O. Anne (Ed.). *Economic Policy Reform: the second* stage. Chicago: The University of Chicago Press, 2000.

NONNEMAN, Gerd (Ed.) *Political and Economic Liberalization: Dynamics and Linkages in Comparative Perspective*. Boulder, CO: Lynne Rienner Publishers, 1996.

PEIXOTO, João Paulo M. (Ed.) *Reforma e Modernizaçao do Estado no Brasil*, Sobral, Ce: Edições UVA, 2000.

VELLINGA, Meno (Ed.). *The Changing Role of the State in Latin America*. Boulder, Co: Westview Press, 1998.

Notas

[1] FUKUYAMA, Francis. *The End of History and the Last Man*. New York, The Free Press, 1992.

[2] OLIVEIRA, Francisco. *Os Direitos do Anti-Valor: A economia política da hegemonia imperfeita*. Petrópolis, RJ: Vozes, 1998.

[3] Privatization and the Globalization of Energy Markets - DOE/EIA: 1996. p.4

[4] WILLIAMSON, Jonh. *The Political Economy of Policy Reform*. Washington, D.C.: Institute for International Economies, 1994.

[5] REZENDE, Flávio da Cunha. A *Reforma do Estado em Perspectiva Comparada*. No Seminário Balanço da Reforma do Estado no Brasil: A nova gestão pública. Brasília, 6 a 8 de agosto de 2002.

Princípios para uma Reforma Tributária cidadã

Clair Maria Hickmann

Introdução

Há muitos anos a Reforma Tributária brasileira vem sendo considerada como uma prioridade nacional, mas parece condenada a um eterno projeto. Apesar de haver consenso quanto a sua necessidade, a discussão não avança. Desde 1995, quando o governo encaminhou sua primeira proposta ao Legislativo – PEC 175 — o tema é debatido e não se chega a uma conclusão. Todos concordam que o sistema tributário brasileiro é repleto de distorções e deficiências, porém, quando se aprofunda o debate, os conflitos de interesses aparecem dificultando a aprovação do projeto.

Na realidade, o governo FHC já fez a reforma tributária. Não aquela que a sociedade brasileira e o Congresso Nacional desejavam, mas a reforma que ele queria para atender, especialmente, aos credores internacionais. Aos poucos, alterou-se a legislação infraconstitucional, concentrando a arrecadação nas mãos da União, em detrimento de Estados e Municípios, aumentando as deficiências e as distorções do sistema tributário.

Clair Maria Hickmann é Bacharel em Ciências Contábeis PUC-RS e especialista em Direito Tributário pela Faculdade de Direito Curitiba. Auditora-Fiscal da Receita Federal, Diretora de Estudos Técnicos do Sindicato Nacional dos Auditores-Fiscais da Receita Federal (Unafisco-Sindical), gestão 2001-2003.

Essa reforma tributária "silenciosa" teve como objetivo viabilizar o processo de mundialização do capital financeiro, o livre fluxo de recursos financeiros, sob a coordenação do FMI, garantir os superávits primários e cumprir o ajuste fiscal. Assim, o governo FHC alterou o sistema tributário e o perfil de arrecadação. Aliviou a tributação dos rendimentos do capital e jogou o encargo de financiar o Estado brasileiro sobre os ombros dos trabalhadores, transferindo renda do trabalho para o capital, transformando o País em paraíso fiscal do grande capital e inferno tributário do assalariado.

É natural a existência de conflitos de interesses na discussão da reforma tributária, porque se trata da repartição da carga tributária entre os diversos setores da sociedade. Porém, é inaceitável, num país democrático, que a classe eleita para arcar com o ônus para financiar o Estado não participe do processo de decisão.

Outro aspecto polêmico sobre a reforma tributária é quanto à necessidade ou não de mudanças na Constituição. Na visão de grande parte dos especialistas, os problemas centrais do sistema tributário não estão no terreno constitucional e, sim, na legislação infraconstitucional.

Pode-se dizer que diversas distorções e deficiências do atual sistema tributário brasileiro são decorrentes da falta de implementação de vários princípios estabelecidos no texto constitucional de 1988. Mas grande parte das distorções foi provocada por mudanças na legislação infraconstitucional, nos últimos anos. Na realidade, o governo brasileiro vem tratando a tributação com o único propósito de aumentar a arrecadação, desprezando a função regulatória e redistributiva que a envolve. Assim, muitos aperfeiçoamentos podem também ser feitos sem que se tenha de fazer mudanças constitucionais.

O aumento da receita tributária, para fazer frente ao programa de ajuste fiscal com a obtenção de superávits primários, nos últimos anos, foi obtido com a criação e aumento de tributos. Instituiu a CPMF, elevou as alíquotas e ampliou a base de incidência de tributos indiretos e cumulativos, como a COFINS e o PIS, resultando em aumento de regressividade e deterioração adicional da qualidade do sistema tributário. O indevido e injusto congelamento da tabela progressiva do IRPF foi outro fator que contribuiu, significativamente, para o aumento da arrecadação. Os tributos indiretos e cumulativos distorcem a economia, pois deturpam as condições de concorrência. Além disso, aprofundam a injustiça fiscal, pela falta de observância dos princípios constitucionais de eqüidade e da capacidade contributiva do contribuinte.

A opção do governo federal pelo aumento das contribuições de seguridade social deve-se ao fato de que tais tributos não são repartidos com Estados e Municípios. Isso tem aumentado a concentração da arrecadação nas mãos da União, comprometendo o pacto federativo.

O governo brasileiro desprezou a tributação como um dos melhores instrumentos de erradicação da pobreza e de redução de desigualdades sociais, que constituem objetivos fundamentais da República, conforme prevê a nossa Carta Maior. O compromisso do UNAFISCO SINDICAL é com esses objetivos. Defendemos um sistema tributário em que a JUSTIÇA FISCAL é o princípio maior. Nesse sentido, a distribuição de renda e riqueza deve ser um dos objetivos principais de todo e qualquer projeto de reforma tributária.

Um aspecto crucial para o bom funcionamento do sistema tributário é a importância estratégica da administração tributária. A efetividade e a eficácia do sistema tributário dependem da

Administração Tributária, que desempenha um papel, fundamental e imprescindível, de instrumento de garantia da aplicação efetiva da legislação. Grande parte dos problemas do sistema brasileiro não poderá ser resolvida exclusivamente no plano da legislação. Há uma relação importante entre a fragilidade dos órgãos da administração e determinadas deficiências do sistema tributário nacional. Com uma administração tributária desprovida de recursos materiais e humanos, numa economia complexa e de proporções continentais como a brasileira, o sistema tributário, por mais bem concebido que possa ser sob o ponto de vista da legislação, deixará fatalmente a desejar em termos de qualidade, eficácia e justiça fiscal. Portanto, é fundamental o fortalecimento da máquina fiscal.

A Proposta de reforma do Governo Lula - PEC 41/03

Em 30 de abril de 2003, o governo Lula apresentou à sociedade brasileira a sua proposta de reforma tributária que desencantou àqueles que sonham com um Brasil mais justo e acreditam que é possível distribuir renda e riqueza por meio da tributação.

A proposta não altera a atual e péssima distribuição da carga tributária sobre os diversos segmentos da sociedade. Tampouco aponta para redução dessa carga. Pelo contrário, é provável que tenhamos aumento e, pior, para a mesma classe social ou setor de atividade.

Pela proposta do governo, a CPMF – Contribuição Provisória Sobre Movimentação Financeira, passa a ser permanente. Esse tributo é perverso por essência, uma vez que incide em cascata, e aumentará, ainda mais, as deficiências e distorções do sistema tributário. Cumpre lembrar que a CPMF nasceu sob a inspiração de uma proposta de imposto único, idéia que ganhou forte aval dos bancos, porém não prosperou pela inconsistência e injustiça que apresenta. Além disso, tornar permanente esse tributo é perigoso porque ele traz na sua essência o péssimo viéz de que o importante é arrecadar, sem observar os princípios constitucionais de capacidade contributiva, seletividade, não-cumulatividade entre outros.

Argumenta-se que esse imposto, hoje uma contribuição provisória, é um excelente instrumento de combate à sonegação, pelo cruzamento das informações da movimentação financeira, fornecidas pelos bancos, com os dados da declaração de rendimentos do contribuinte. Por essa razão, o imposto teria uma alíquota mínima. Ora, o interesse público tem de prevalecer sobre o privado, o Estado não precisa criar tributos para obter dados sobre os contribuintes. Basta instituir uma lei que obrigue as instituições financeiras a fornecer ao fisco as informações da movimentação financeira dos correntistas e aplicadores.

Outra preocupação com a manutenção desse tributo com fins mais arrecadatórios que de controle é que a proposta do governo sequer estabelece um prazo para a redução da alíquota. Tudo indica que teremos mais um imposto em cascata e sobre o consumo, pois é repassado ao preço. Tudo na contramão do que clama a sociedade há muitos anos – desoneração da produção e do consumo. A conta, mais uma vez, será paga pelo consumidor e trabalhador.

A proposta do governo transfere a competência do ITR – Imposto Territorial Rural – da União para os Estados, devendo ser regulado por Lei Complementar. O ITR já foi de competência dos Municípios, dos Estados, do Incra, e agora é da União, administrado e fiscalizado pela SRF. O resultado desse tributo, em termos de arrecadação, tem sido insignificante. Não porque não tenha potencial, mas porque o fisco não exerceu plenamente o seu papel no controle e fiscalização, além de a legislação, às vezes, não ser a mais adequada. Acredita-se que, em grande parte, isso se deve à forte pressão política exercida pelas oligarquias rurais. Porém, com legislação adequada e uma Administração Tributária forte, com cruzamento de dados do Incra, Ibama e outros órgãos, é possível transformar o ITR num instrumento desestimulador do mal uso da terra, um braço da reforma agrária.

Dessa forma, entendemos que a competência do ITR deve permanecer com a União, haja vista, inclusive, a experiência da Secretaria da Receita Federal na administração e fiscalização deste imposto, que não pode ser desperdiçada.

Outro ponto negativo da proposta do governo é a prorrogação da DRU – Desvinculação das Receitas da União de 2003 até 2007, incluindo agora também a CIDE – Contribuição de Intervenção no Domínio Econômico, atualmente incidente sobre os combustíveis. Isso significa menos investimentos em educação e saúde.

Quanto ao ICMS, a proposta do governo não contempla a mudança de cobrança no destino, isto é, que a arrecadação fique com o Estado consumidor e não com o Estado produtor. A questão é polêmica e não há consenso entre os Estados, porque ninguém abre mão de arrecadação. Neste caso, perdem os Estados produtores. Sob o aspecto de justiça tributária, não há dúvida de que o tributo tem de ficar no local em que reside o contribuinte que pagou o imposto. Porém, é preciso levar em conta a situação financeira dos Estados e criar mecanismos de compensação, no caso de se partir para a tributação no destino. Exceções serão o petróleo e a energia elétrica, cuja cobrança caberá integralmente ao Estado de localização do destinatário.

Outras mudanças propostas para o ICMS são a unificação da

legislação, com regulamento único, definido em lei complementar, a instituição de, no máximo, cinco alíquotas, e a vedação de concessões ou prorrogação de isenções, reduções de base de cálculo, créditos presumidos de ICMS. Esta última tem por objetivo pôr fim à guerra fiscal entre os Estados.

Não há dúvida de que a existência de um único regulamento de ICMS para todos os Estados contribui para reduzir os custos operacionais do contribuinte. Entretanto, a fixação do número de alíquotas em no máximo cinco igualmente em todos os Estados fere frontalmente o princípio da seletividade. Isso impede a efetiva aplicação desse preceito, que visa a taxar mais produtos supérfluos e menos os bens de primeira necessidade, ou seja, em função de sua essencialidade. Além disso, esse limite de cinco alíquotas tornará nosso sistema tributário muito rígido, criando dificuldades para alterações que poderão vir a ser necessárias em função da conjuntura.

A uniformidade das alíquotas de ICMS em todos os Estados implica provável aumento de carga tributária sobre o consumo, pois o nivelamento, certamente, dar-se-á pelas alíquotas mais elevadas. Os Estados que possuem alíquotas mais elevadas alegam que não podem perder arrecadação. Por isso, a tendência é os outros Estados elevarem as alíquotas.

O que também caracteriza a proposta do governo como tímida é o fato de até agora não ter encaminhado projeto de lei para acabar com a cumulatividade da Cofins. Este é um dos aspectos mais criticados e apontado como fator que onera a produção. Daí porque há dúvida sobre a real intenção de remover esse entulho do sistema tributário ou se o governo teme perder arrecadação com a mudança da sistemática.

É verdade, há alguns sinais positivos que apontam no sentido de justiça fiscal, como por exemplo a possibilidade de o imposto sobre heranças e doações ser progressivo, de o imposto sobre grandes fortunas ser criado por lei ordinária, de o ITBI – imposto de transmissão sobre bens imóveis – ser progressivo em razão do valor do imóvel.

A PEC 41/03 não aponta no sentido de inclusão social. O sistema tributário continua sendo um fator de subtração de renda dos menos aquinhoados.

A grande revolução social pode ser feita com a efetiva aplicação dos princípios tributários constitucionais e com mudanças na legislação infraconstitucional.

Os Princípios Básicos que Devem Orientar uma Reforma Tributária Cidadã

O UNAFISCO SINDICAL, entidade de representação dos Auditores-Fiscais da Receita Federal, no pressuposto do dever moral de informar à sociedade a verdadeira situação e de oferecer propostas para o encaminhamento de soluções para um sistema tributário justo e eficaz, propõe-se a lançar bases para uma ampla discussão, dirigida para o conjunto da população. Entendemos que, antes de elaborar um projeto de Reforma Tributária, é fundamental discutir amplamente com a sociedade o conjunto de princípios basilares que devem nortear um sistema tributário justo. Os Auditores-Fiscais da Receita Federal colocam à disposição da sociedade sua experiência e a especialização profissionais na área tributária para contribuir para esse debate.

Resgatar e reafirmar diversos princípios, já relacionados na Constituição brasileira, é fundamental nesse debate, diante do afastamento e da inobservância, nos últimos anos, de preceitos elementares de justiça fiscal, como, por exemplo, a capacidade contributiva e o não-confisco do mínimo existencial.

Entre os princípios que consideramos fundamentais e que devem nortear qualquer proposta de reforma tributária, destacamos, em especial, os que seguem.

Dos princípios gerais da justiça fiscal

1. O sistema tributário deve ter como objetivos o crescimento econômico, a criação de empregos, a redução da dependência de capitais externos, a eliminação da pobreza, a justiça fiscal, a justiça social e o desenvolvimento sustentado;
2. A instituição de qualquer tributo deverá, necessariamente, atender ao critério da distribuição de renda e riqueza, que será efetivada, entre outras formas, mediante a concessão de imunidade tributária aos produtos componentes da cesta básica, ao mínimo existencial (conforme definido nos termos de lei) e à produção e circulação de remédios;
3. O sistema tributário deverá refletir os princípios da isonomia, generalidade e universalidade;
4. A capacidade contributiva deve ser utilizada como critério para graduação dos tributos e para distinguir os iguais dos desiguais;
5. Os tributos devem ser preferencialmente não-cumulativos;
6. A tributação sobre bens, produtos e serviços deve ser seletiva em função da essencialidade;
7. A tributação será preferencialmente direta, de caráter pessoal e progressiva;
8. Todo o sistema tributário deve buscar um equilíbrio entre o fator trabalho e o fator capital.

Da segurança jurídica e das limitações do poder de tributar

1. Deve ser observado o princípio da anterioridade da lei para todos os tributos, mantidas as exceções constitucionais hoje existentes, abrangendo inclusive as contribuições para o financiamento da seguridade social;
2. Nenhum tributo pode ser exigido antes de decorridos noventa dias da data da publicação da lei que o houver instituído ou majorado;
3. É imune a parcela de rendimentos necessários à manutenção das condições de vida digna do contribuinte e de seus familiares (mínimo existencial);
4. Devem ser asseguradas a observância e a efetividade do princípio da estrita reserva legal, inclusive para o IPI, mantidas as demais exceções constitucionais;
5. É vedado o uso de medidas provisórias em matéria tributária;
6. Deve ser vedada a instituição de tributos sobre a produção e circulação de remédios e também sobre os gêneros alimentícios componentes da cesta básica;
7. Anistias e remissões somente podem ser instituídas mediante lei específica e aplicadas sobre débitos de pequeno valor, cuja cobrança configure prejuízo ao erário;
8. Deve ser vedada a instituição de taxas pela prestação de serviços essenciais às funções de Estado, de caráter indivisível e não específico;
9. Devem ser observadas a estabilidade, a objetividade e a clareza das normas tributárias;
10. A economicidade e a praticidade não podem se sobrepor aos princípios constitucionais;

11. Todo o crime contra a ordem tributária deve ser considerado um crime contra a sociedade, não podendo ser desconfigurado com o pagamento do tributo;
12. Os contribuintes e os consumidores devem ser esclarecidos acerca dos impostos que incidam sobre mercadorias e serviços.

Da ordem econômica e financeira

1. As isenções, as reduções de base de cálculo e alíquotas, bem como a concessão de benefícios fiscais em geral, somente podem ser instituídas e concedidas objetivamente, para os fins a que se destinam, mediante lei específica e quando efetivamente demonstrado o correspondente ganho social, sendo obrigatórios o acompanhamento e a avaliação periódica;
2. O orçamento público deve ser transparente de forma a identificar e quantificar as renúncias e os incentivos fiscais, as isenções e as reduções tributárias;
3. Todas as propostas na área tributária devem apresentar simulações que demonstrem o valor potencial de arrecadação e, sempre que possível, seus efeitos sobre os diversos setores da economia e classes sociais;
4. É essencial garantir a diversificação das bases de tributação a fim de dar efetividade aos princípios constitucionais;
5. O Sistema Tributário Nacional deve ser instrumento de realização do princípio federativo.

Princípios específicos dos tributos

1. O imposto sobre herança e doações, como instrumento legítimo de redistribuição de riqueza, deve ser progressivo;
2. Como instrumento legítimo de redistribuição de riqueza deve ser instituído o imposto sobre grandes fortunas;
3. A tributação do imposto de renda da pessoa física deve ser uniforme em todo o território nacional e sem distinção ou preferência em relação à categoria ou atividade profissional;
4. Os rendimentos do trabalho não devem ser tributados de forma superior aos rendimentos do capital;
5. Todos os rendimentos tributáveis da pessoa física serão levados, obrigatoriamente, à tabela progressiva e sujeitos ao ajuste anual;
6. A tributação da renda da pessoa física deve ser progressiva e garantidas:
   - a ampliação do número de faixas e dos respectivos intervalos de classe;
   - alíquotas iniciais inferiores às vigentes;
   - revisão periódica e automática (no mínimo anual) da tabela do IRPF.
7. No imposto de renda das pessoas físicas deve ser respeitado o princípio da pessoalidade, mediante a dedução de, no mínimo, despesas com educação e saúde do declarante e de seus dependentes, bem como a dedução de contribuições previdenciárias;
8. A tributação do imposto de renda da pessoa jurídica deve ser progressiva e preferencialmente sobre o lucro real;
9. Os custos e despesas não indispensáveis à realização do objeto social da pessoa jurídica ou não necessárias à manutenção da fonte produtora, a exemplo de juros sobre o capital próprio,

devem ter a dedutibilidade tratada como renúncia fiscal, conforme o disposto na Lei Complementar nº 101/2002 (Lei de Responsabilidade Fiscal);

10. A tributação da propriedade rural deve ser progressiva em função do grau de sua utilização, atendendo a função social, e anualmente agravada para os casos de não utilização da terra;
11. Os impostos incidentes sobre o comércio exterior (impostos de importação e exportação) devem preservar a produção e o emprego nacionais.

O UNAFISCO SINDICAL entende que o sistema tributário é excelente instrumento de justiça fiscal e social, devendo a legislação tributária orientar-se pelos princípios de justiça tributária, das limitações ao poder de tributar, da ordem econômica, além das especificidades dos tributos.

PEC 41/2003: especificidade, aspectos polêmicos e efeitos

Eugenio Lagemann
Luis Carlos Vitali Bordin

Introdução

A proposta de reforma tributária do Governo Lula, em discussão no Congresso Nacional, resulta de um consenso nos seus aspectos gerais, mas é visível o dissenso, quando se avança para a sua concretização, gerando polêmicas, o que demanda uma avaliação das medidas previstas.

Nesse artigo, objetivamos oferecer, inicialmente, uma caracterização dessa proposta, considerando as tendências que marcaram a trajetória do sistema tributário brasileiro desde 1967, marcado pelas mudanças que ocorreram nas economias mundial e nacional e, conseqüentemente, na tributação. Na segunda parte destacaremos alguns aspectos polêmicos e efeitos específicos da PEC 41/2003.

Eugenio Lagemann - Doutor em Economia pela Universidade de Heidelberg/Alemanha, em 1992. Professor de Economia da UFRGS. Professor Visitante da Universidade Nacional de Entre Rios, Argentina. Integrante da Comissão de Aspectos Tributários do Mercosul. Fiscal de Tributos Estaduais do RS.

Luis Carlos Vitali Bordin - Economista, e Mestre em Administração Pública pela FGV/RJ. Assessor Superior da Assembléia Legislativa do RS. Integrante da Comissão de Aspectos Tributários do Mercosul, e Fiscal de Tributos Estaduais do RS.

A estrutura do sistema tributário brasileiro, a natureza das propostas de reforma e a especificidade da PEC 41/2003

O sistema tributário instituído no Brasil em 1967 correspondeu às concepções mais avançadas de um sistema tributário de então, baseado na tributação das fontes clássicas, renda, consumo e patrimônio, e norteado pelo princípio da justiça, via progressividade, e pela aplicação da técnica do valor adicionado, para evitar os efeitos concentradores da cumulatividade e para usufruir da sua capacidade de liberar as exportações da tributação. A base do sistema era um imposto geral sobre o consumo (ICM), secundado por um imposto específico sobre o consumo (IPI), ambos aplicando a técnica do valor adicionado; um imposto sobre a renda, tendo o da pessoa física uma alíquota claramente progressiva (IRPF); e os impostos sobre patrimônio, com importância bem menor. Completando o quadro tributário, os impostos sobre o comércio exterior, consagrados historicamente, mas apenas com funções de regulação. O financiamento da seguridade social limitava-se à contribuição sobre a folha de pagamentos.

O princípio da não cumulatividade, porém, foi colocado em xeque pela inserção de novas contribuições sociais. Em 1971 ocorreu o primeiro retrocesso, quando o governo federal implantou uma contribuição para custear o Programa de Integração Social – PIS. Em 1982 repetiu-se o fenômeno com a instituição da contribuição para o financiamento de gastos sociais, Finsocial, hoje Cofins.

A reforma de 1988 teve como marcos a descentralização da competência tributária e financeira e a justiça social, no sentido vertical, definida pela progressividade, tendo como modelo de inspiração a proposta elaborada pelo Instituto de Pesquisas

Econômicas Aplicadas – IPEA. Essa proposta se caracterizou pela reafirmação da técnica do valor adicionado, mediante a instituição de um único imposto sobre valor adicionado, na competência estadual, englobando mercadorias e serviços, em substituição ao ICM, ISS e IPI, ficando na competência da União um imposto unifásico sobre bens específicos. A Constituinte, entretanto, decidiu apenas pela ampliação do campo de incidência do ICMS, enquanto que o campo das contribuições sociais permaneceu com a característica de cumulatividade.

O contexto internacional de crise econômica nas décadas de 1970 e 1980 trouxera novas variáveis que deveriam influenciar a tributação. A preocupação com a justiça social, envolvendo a distribuição da carga tributária entre as diversas camadas sociais, cedeu lugar à preocupação com a eficiência econômica e limitou a interpretação da justiça ao seu nível horizontal, entre iguais, concentrando a atenção sobre as possibilidades de elisão tributária.

Mal promulgada a Constituição de 1988 – que tivera, repetindo, como um dos seus eixos a justiça social, atendido pela reafirmação da progressividade da alíquota do imposto de renda e da seletividade do IPI e pela instituição da seletividade no ICMS e da progressividade no IPTU –, o governo federal, contrariando a decisão da Constituinte, reduziu a alíquota marginal máxima do IRPF de 45% para 25% para o exercício financeiro de 1989. A justificativa oficial foi a simplificação desse imposto, mas sua base teórica está na necessidade de propiciar estímulos pelo lado da oferta (no caso, da mão-de-obra mais qualificada) para obter a retomada do crescimento econômico, portanto, de acordo com tendência internacional, exemplificada pela reforma de Ronald Reagan nos EUA em 1986.

O tema das reformas foi retomado logo após a entrada em vigor do novo sistema tributário em 1989.

A Comissão Executiva da Reforma Fiscal, coordenada por Ary Osvaldo, representa a linha desenvolvida pelo governo Collor de Mello. Sua proposta se caracterizava: a) pela simplificação do sistema, unificando, por exemplo, o IPTU e o ITR; b) pela reafirmação do princípio da não cumulatividade, ao propor um IVA amplo, na competência estadual, englobando o ICMS, o IPI e o ISS; e c) pela sugestão de duas figuras novas no contexto brasileiro de competência federal, enfocando a elisão tributária: o imposto sobre ativos e a contribuição sobre transações financeiras. Assim, se teria à disposição duas fontes destinadas a tributar rendas eventualmente desviadas da tributação. O imposto sobre ativos capturaria os lucros não declarados pelas empresas, mas incorporados ao ativo. A contribuição financeira alcançaria os fluxos de renda não declarada que ingressassem no sistema bancário.

A questão administrativa, mais especificamente da sonegação, propiciou uma nova versão ao sonhado imposto único, que já fora apresentado sob a forma do imposto sobre a terra, pelos fisiocratas franceses, ou sob a forma do imposto de renda pessoa física, na década de 1930. Dessa vez, a tributação sobre movimentação financeira passaria a ser a única fonte de receita, à exceção do fluxo de comércio exterior, segundo a Proposta de Emenda Constitucional nº 17, de 1991, apresentada pelo Deputado Federal Flávio Rocha. Reafirmando a característica dos impostos não declaratórios, não sujeitos à manifestação do contribuinte, e, portanto, presumidamente insonegáveis, foi apresentado o substitutivo do Deputado Luiz Roberto Ponte que agregou à fonte da movimentação financeira a tributação de bens específicos, como o fumo, bebidas, veículos, energia elétrica, combustíveis e serviços de comunicação.

O governo Itamar Franco repetiu a sugestão do imposto sobre ativos e transformou a contribuição sobre movimentação financeira num imposto, de caráter provisório. No caso do valor adicionado, não repetiu um IVA amplo para os estados, mas buscou a instituição de uma contribuição sobre valor adicionado (CVA), cujos recursos seriam destinados ao custeio da seguridade social. É o período da influência da política tributária adotada na Argentina, onde se praticava o imposto sobre débitos bancários (extinto em julho de 1992) e o imposto sobre ativos e em que também se propusera a cobrança de um imposto sobre valor adicionado, o IEP, Imposto sobre Excedentes Primários, para financiar a seguridade social.

Como resultado prático dessas propostas, a Emenda Constitucional nº 3, de 1993, extinguiu, a partir de 1996, o Adicional sobre o Imposto de Renda, de competência estadual, e o Imposto sobre Vendas a Varejo de Combustíveis, de competência municipal. Sua principal novidade, entretanto, foi a criação do IPMF, o Imposto Provisório sobre Movimentação Financeira, cuja implantação foi atribulada, com efeitos concretos limitados até sua extinção em 31 de dezembro de 1994.

A superação da estratégia de desenvolvimento com base nas importações, segundo a qual a tributação incidia sobre as exportações de forma direta ao valor que poderia ser agregado no exterior aos produtos exportados, pela inserção da economia brasileira numa economia mundial mais aberta, exigindo o livre fluxo de capitais e a abertura comercial com redução geral das tarifas, estabeleceu novas condicionantes ao sistema tributário brasileiro.

O governo Fernando Henrique Cardoso buscou garantir a estabilidade monetária e o equilíbrio nos orçamentos públicos com base no Plano Real, lançado em 1994, ainda no governo Itamar Franco. A estabilidade então obtida estimulou a entrada de capitais externos para investimentos, o que acirrou a luta entre os estados para atraí-los, utilizando-se para tanto do instrumento tributário disponível, o ICMS. Exemplar foi a disputa pelas plantas automotivas.

A Proposta de Emenda Constitucional nº 175/95, por isso, se caracterizou pela preocupação em aumentar a competitividade dos produtos brasileiros no mercado mundial, para combater o déficit comercial. E a medida mais forte era a intervenção do governo federal no ICMS ao prever a substituição do IPI federal e do ICMS estadual por um ICMS nacional, de competência compartilhada entre União e Estados. E esse novo ICMS seria plenamente amigável ao investimento e às exportações mediante a desoneração das exportações e dos bens de capital e concessão de créditos também sobre o material de uso e consumo, além de resolver o problema da "guerra fiscal".

Essas medidas, com exceção da "guerra fiscal", foram concretizadas pela Lei Complementar nº 87/96, também conhecida como "Lei Kandir", o que arrefeceu o impulso do governo federal para aprovação da emenda constitucional. Mas a Comissão Especial de Reforma Tributária, cuja relatoria estava a cargo do Deputado Mussa Demes, seguia nos debates, e o governo federal, para não parecer inerte, apresentava propostas oficiosas, como as relatadas por Pedro Parente, Secretário da Economia, que introduziam um IVA federal em substituição a praticamente toda a tributação do consumo. Permanece, desde então, como um dos objetivos principais da discussão da reforma tributária a regulação da "guerra fiscal", a ser obtida pela limitação da competência estadual sobre o ICMS.

Em inícios de 2000 foi formulada uma proposta de reforma tributária em conjunto pelas equipes técnicas da União, dos estados e a Presidência da Comissão Especial de Reforma Tributária, a Emenda Aglutinativa da Comissão Tripartite, que estabelecia a competência conjunta dos estados sobre o imposto sobre valor adicionado.

Entrementes, a União resolvera seus problemas nas finanças pela instituição da Contribuição Provisória sobre Movimentação Financeira (CPMF), em 1997, e da Contribuição de Intervenção no Domínio Econômico (CIDE), em 2002, além de elevar a alíquota da Cofins, em 1999. A cumulatividade foi, assim, reforçada, contrariando as metas estabelecidas pelos projetos de reforma. Apenas a transformação do PIS em tributação sobre valor adicionado, a partir de 2003, retomou a coerência com os objetivos de estimular a competitividade da produção nacional no mercado mundial.

Com a mudança do governo federal, a pressão pelas reformas foi retomada e em abril de 2003 foi apresentada para debate a PEC nº 41/2003. Sua motivação é enfrentar a "guerra fiscal" entre os estados com base no ICMS, repetindo, nesse sentido, a tendência recente das reformas propostas. Prevê, para tanto, a uniformização das alíquotas, o fim dos benefícios tributários e a proibição de normas autônomas por parte dos estados. A manutenção da CPMF, dando-lhe um caráter de permanência, reafirma a cumulatividade (que deveria ser amenizada com a redução de sua alíquota de 0,38% para 0,08% a partir 1º de janeiro de 2004) e demonstra a preocupação com a situação das finanças federais, assim como a transformação parcial e não total da Cofins em tributação sobre valor adicionado. Com menor peso, se apresenta o estímulo ao emprego, a ser obtido pela mudança de base de cálculo da contribuição social do empregador sobre o faturamento em substituição ao valor da folha de pagamento. A preocupação social, tônica da Constituição de 1988, é retomada timidamente pela exigência da progressividade no ITR, no ITCD (já praticada em vários estados) e no ITBI e pela tentativa de implantação do imposto sobre grandes fortunas. Em síntese, a proposta centra suas medidas na eliminação da guerra fiscal no campo tributário, na garantia de receitas federais, na reafirmação da cumulatividade e na retomada tímida da progressividade.

Aspectos polêmicos e efeitos da PEC 41/2003

Dos diversos aspectos priorizamos as seguintes questões: A proposta resolve a guerra fiscal entre os estados? Ela elevará a carga tributária? A legislação unificada oferece a melhor solução para a harmonização tributária no âmbito do ICMS?

A "guerra fiscal"

Conceitualmente a competição interjurisdicional é a adoção de decisões na área fiscal que alteram a base tributária de outro(s) governo(s) e afetam, dessa maneira, o bem-estar de seus cidadãos. Ela expressa um comportamento não-cooperativo, no qual os governantes desconsideram os efeitos de sua ação sobre o bem-estar dos cidadãos de outras jurisdições, mas consideram os efeitos para eles de medida semelhante tomada por outra jurisdição.

A motivação para essa "guerra" consiste: a) na disputa pela atração e manutenção de investimentos industriais, encarados como fundamentais para a ativação da base econômica e para a geração e manutenção de empregos; e b) na disputa por receitas tributárias.

No Brasil, na última década, a entrada do exterior de capitais, estimulada pela estabilização econômica, acirrou a disputa entre os estados. Entretanto, o momento dos grandes investimentos passou. Os novos investimentos são menores, complementares, deixando de ser esse o motivo para uma "guerra fiscal". Resta a disputa direta por receitas tributárias, o que ocorre, por exemplo, quando da atração de centrais de distribuição do comércio atacadista. Passou a ter importância também a concessão de benefícios tributários para garantir a "sobrevida" de investimentos já realizados, tornando-se o setor tributário um "hospital" para empreendimentos ameaçados pela luta nos mercados abertos à concorrência.

A unificação da legislação do ICMS, com regulamento único, e a vedação da adoção de norma autônoma estadual, sem dúvida, eliminam a disputa no âmbito da legislação tributária, com a vantagem, nesse aspecto, de torná-la mais simples. Entretanto, deve-se alertar que as atuais concessões ainda surtirão efeitos por algum tempo, não estando automaticamente abolidas. Além disso, existe uma alternativa de realizar a "guerra", a via orçamentária, mais especificamente pela despesa. Em diversos acordos de concessão de benefícios tributários concedidos no final da década de 1990 já existe a previsão de transformá-los em benefícios orçamentários no caso de uma reforma tributária estabelecer restrições. Dessa forma, os denominados "gastos tributários", constituídos por desonerações tributárias que substituem despesas, se tornarão, efetivamente, despesas orçamentárias. A criação de um fundo para o desenvolvimento regional equilibrado é uma perspectiva, mas sua efetividade ainda precisa ser avaliada, o que só será possível no longo prazo.

Ainda em relação a esse problema, cumpre frisar que, ao manter o principio misto de tributação do comércio interestadual, não optando pelo princípio de destino, mantém acesa a chama da "guerra fiscal".

Não se pode esquecer, por fim, que continua uma "guerra fiscal" pelas receitas tributárias entre os diversos níveis de governo. Na história recente se constata, por exemplo, o avanço do governo federal sobre a base econômica do consumo, sustentáculo das finanças dos estados, mediante a ampliação/instituição de contribuições sociais e econômicas. E a nova lista dos serviços sujeitos à tributação municipal, aprovada em julho de 2003, evidenciou novo revés para os Estados.

Carga tributária

No período pós-Plano Real a elevação da carga tributária se originou basicamente da ampliação das receitas do governo federal. A possibilidade de nova elevação das receitas federais em relação à atual situação não será decorrente de medida da PEC 41/2003, mas já está presente na possibilidade de aplicar o valor de referência mais alto na CIDE. A proposta, ao manter as condições atuais da CPMF, traz uma elevação da carga em relação ao potencial previsto para 2004, quando a alíquota cairia de 0,38% para 0,08%. O aumento efetivo da carga dar-se-á, na verdade, em função das mudanças promovidas pela reforma previdenciária (PEC 40/2003), especialmente pela taxação dos inativos e pelo acréscimo nas contribuições individuais dos servidores públicos.

Em nível estadual, considerando o ICMS, devem ser considerados o alinhamento das alíquotas e o fim das isenções. A atual diferenciação das alíquotas atende as especificidades econômicas dos estados brasileiros. O seu ajuste poderá ser para cima, elevando a carga, ou para baixo, causando perdas na arrecadação. Ambos os movimentos não podem ocorrer, pois o objetivo é manter a carga atual. Certamente a flexibilização das alíquotas, obedecendo a uma "banda", será um instrumento importante para evitar o ajuste para cima das mesmas, ao permitir sua adequação à realidade econômica e fiscal dos diferentes estados. O fim das isenções, por sua vez, tem um resultado único: a elevação da carga. Observa-se que o ajuste do ICMS não permite antecipar o resultado final na carga total desse tributo, mas certamente ocorrerá um deslocamento da carga entre produtos ou setores econômicos, afetando os preços relativos.

Os Municípios compartilham da sorte dos Estados no que tange ao ICMS, entretanto sua reforma efetiva ocorreu na aprovação da nova lista de serviços sujeitos ao ISS, que aumentou consideravelmente o campo de incidência, possibilitando uma elevação da carga. O que deve ser considerado, ainda, é que em alguns casos os setores nela incluídos, na verdade, estão reduzindo seu ônus por terem, assim, evitado a incidência do ICMS, com alíquota efetiva, em média, superior à do ISS.

Enfim, o potencial de elevação da carga está mais presente nos níveis de governo federal e municipal, e se situam em medidas que não estão presentes na emenda constitucional proposta.

Unificação legislativa e a harmonização tributária do ICMS

A perda da autonomia estadual, consubstanciada na impossibilidade em legislar sobre o imposto, é um dos aspectos mais polêmicos da proposta reformista. Cumpre esclarecer que o ICMS, atualmente, já é regulado por uma lei de abrangência nacional – a chamada "Lei Kandir" (L.C. 87/96) - que estabelece as regras gerais do tributo em todo o País. As leis estaduais apenas complementam a lei nacional. Os textos estaduais seguem e reproduzem em cerca de 80% as linhas definidas no diploma nacional. O texto legal residual trata basicamente de especificidades regionais que em nada afetam a harmonização e a padronização do tributo. Na verdade, são as leis específicas que concedem benefícios e incentivos fiscais, à revelia das decisões do Conselho Nacional de Política Fazendária – CONFAZ, as que agridem o espírito harmonizador do ICMS.

No nosso entendimento, a centralização legislativa é uma reação desproporcional ao problema levantado. Os defeitos do sistema vigente no atual ICMS podem e devem ser corrigidos, sem sacrificar, porém, a autonomia legislativa estadual em matéria tributária. Para o ICMS estadual poder funcionar adequadamente, isto é harmonizado nacionalmente e apto à harmonização fiscal inclusive com tributos de outros países, seria necessário discipliná-lo com alterações constitucionais que definissem a forma de realização da política tributária e as punições aos estados infratores. Estas medidas atenuariam a "guerra fiscal" em seu âmbito tributário.

O formato deste ICMS aprimorado continuaria contendo uma legislação nacional (lei complementar) que definiria as normais gerais do imposto, nos moldes da atual Lei Kandir. Ela seria apenas ampliada para possibilitar uma maior padronização entre os estados. Permaneceriam, ainda, as leis e atos normativos estaduais, garantindo aos estados a autonomia para disciplinar aspectos, situações e institutos tributários de natureza local e que não colocassem em risco a harmonização nacional do imposto. Entre as peculiaridades locais estão, por exemplo, a concessão de "diferimento" a produtores rurais, a ampliação provisória de prazos de recolhimento, dentro dos limites estabelecidos pelo órgão harmonizador, a formulação de institutos simplificados na sistemática de apuração do imposto para micro e pequenas empresas. Diversas são, pois, as situações de caráter regional sem influência maior na alocação de investimentos privados e sem repercussão na harmonização tributária estadual, mas muito importantes para um funcionamento mais adequado da administração tributária.

Conclusão

Progressividade e não cumulatividade caracterizavam o sistema tributário brasileiro de 1967, correspondendo à tendência internacional. A progressividade foi ampliada pela Constituição de 1988, mas bastante amenizada pela redução das alíquotas marginais do IRPF em 1988, uma medida em sintonia com a tendência mundial de perseguir a eficiência econômica, deixando de lado a justiça vertical. A não cumulatividade foi colocada em xeque pela inserção de novas contribuições sociais em 1971, com o PIS, e em 1982, com o Finsocial, hoje Cofins. A elas foi agregada nova contribuição, a CPMF, em 1996, incidente sobre fluxos financeiros, igualmente com efeitos cumulativos, mas justificada pela possibilidade de sonegação dos tributos. A PEC 41/2003, para garantir as receitas do governo federal, torna permanente a CPMF e, portanto, a cumulatividade, e traz de volta, mesmo que de forma tímida, a idéia da justiça vertical, através da progressividade. A luta dos Estados pelos investimentos, estimulados pelo Plano Real, consagrou a "guerra fiscal" no campo do ICMS. Embora não exista mais a principal motivação de atrair empreendimentos industriais, pelo arrefecimento do crescimento econômico, a PEC 041/2003 centra suas medidas nessa linha, continuando a tendência presente nas propostas em debate. Em síntese, a proposta concentra sua atenção na tentativa de eliminação da "guerra fiscal" no campo tributário, na garantia de receitas federais, na reafirmação da cumulatividade e na retomada tímida da progressividade.

A motivação da "guerra fiscal" por investimentos industriais entre os estados amainou, perdurando os benefícios em auxílio a investimentos já realizados, num contexto de abertura de mercados. Prossegue também a disputa entre eles pelas receitas, mas o avanço do governo federal e dos Municípios sobre a base econômica do consumo, vital para as receitas estaduais, adquire caráter de preocupação.

O potencial de elevação do nível atual de carga tributária está mais presente nos níveis de governo federal e municipal, e não se situa em medidas da emenda constitucional que reforma os tributos, mas em medidas já tomadas nessa área e nas previstas na reforma previdenciária. Para evitar a elevação da carga tributária estadual, é importante o emprego, restrito, da "banda" para cima na definição das alíquotas, possibilitando a adequação dos Estados a sua realidade econômica e financeira.

Existem alternativas para harmonizar o ICMS, dadas pela definição de competência restrita aos Estados, que não prejudiquem a sua operacionalização e avitam o engessamento causado por uma legislação unificada.

A Competência Tributária e a Questão da Federação

Osiris de Azevedo Lopes Filho

Origens e composição da nossa Federação

A Federação e a República surgiram concomitantes na nossa Constituição de 1891. As suas raízes, embora simbióticas, não são idênticas. A concepção descentralizadora do poder, peculiar à Federação, produziu insurgências no território nacional, bem antes de as idéias republicanas terem adquirido pujança no País. Revolução Praieira, Guerra dos Farrapos, Cabanada, Sabinada, Confederação do Equador, são alguns marcos sangrentos da inconformidade com a concentração de poder típica do Estado Unitário, vigente no período imperial.

País continental, com diversidade de climas, orografia e culturas, é a organização do Estado Federal que se harmoniza com a sua geografia, povo e diversidade regional. Daí, ao longo de mais de cem anos, ter persistido a existência da Federação. A sua fisionomia e funcionamento têm variado. Na primeira República, ocorreu a sua amplitude. Os Estados chegaram a ser chefiado por Presidentes, que elevaram a culminâncias a sua autonomia, mediante o endividamento externo. Houve períodos de ocaso, como no Estado Novo de Vargas, e muitas variações na operação da nossa Federação, ora concentrando o poder na União,

Osiris de Azevedo Lopes Filho – Advogado, Professor de Direito na Universidade de Brasília – UnB e da Fundação Getúlio Vargas – FGV; e Ex-Secretário da Receita Federal.

ora valorizando a periferia. A proposta de reforma tributária apresentada pelo governo Lula constitui retração da autonomia de Estados e Municípios legislarem sobre os seus impostos, um dos pontos essenciais à caracteristização da Federação.

Inegável que a Constituição de 1988 inovou o nosso modelo federativo. O seu art. 1º introduziu no pacto federativo o Município, como seu integrante. Antes, o Município já era dotado de autonomia política e administrativa. A nova Constituição mudou-lhe o *status político*, tornando-o ente federativo. Mudança qualitativa fundamental e inovatória, posto que tradicionalmente tal pacto se formalizava entre a União e os Estados-membros.

A Federação e o Federalismo Fiscal

A Federação consiste numa forma organizatória em que coexistem várias ordens jurídicas e políticas autônomas e interdependentes entre si, dentro da estrutura do Estado.

A autonomia dos entes federados, para que possa se materializar mediante o efetivo poder decisório, dando-lhe conseqüências eficazes, depende da existência de recursos, para possibilitar a realização de obras e a prestação dos serviços públicos.

O Federalismo Fiscal representa exatamente a projeção da forma organizatória da Federação no plano financeiro. Ele proporciona os meios financeiros, para que a autonomia do ente federado possa se consubstanciar nas aplicações de recursos, cumprindo o elenco de atribuições cometidas pela Constituição. De pouca valia seria a atribuição de encargos, se não houvesse os necessários recursos para a sua execução. É matéria do Federalismo Fiscal proporcionar o equilíbrio entre os meios financeiros e os fins estabelecidos pela Constituição, para os entes federados.

Os meios financeiros são, no Estado Moderno, obtidos fundamentalmente mediante os tributos. A distribuição adequada de recursos tributários para os entes federados é essencial à harmonia e operação da Federação.

Mediante a atribuição da competência tributária aos participantes da Federação é que primariamente se obtém a possibilidade calibrada dos recursos. Fundamental, portanto, na organização federativa, a determinação da competência tributária. A sua conceituação tem sido submetida a variadas concepções. Inicialmente foi uma faculdade. A Constituição deferia a um ente a faculdade de instituir determinado tributo, que poderia ser exercida ou não. Evoluiu essa faculdade para poder. Depois, passou a ser um poder-dever de criar certo tributo. Mais recentemente, a competência tributária passou a ser entendida doutrinariamente como dever-poder, vale dizer, prevalece o imperativo da sua criação sobre a capacidade. Essa concepção tornou-se legal pelo art. 11, *caput*, da Lei de Responsabilidade Fiscal, Lei Complementar n.º 101/2000, ao estabelecer que "constituem requisitos essenciais da responsabilidade na gestão fiscal a instituição, previsão e efetiva arrecadação de todos os tributos da competência constitucional do ente da Federação."

Portanto, a partir dessa Lei Complementar, a competência definida como dever-poder, não é apenas um conceito da doutrina estatal, mas uma regra jurídica vinculante.

Deferida a competência para criar determinado tributo, compete ao seu titular, mediante lei, dar-lhe a estrutura fundamental: descrever o fato gerador, identificar os sujeitos passivos, a base de cálculo, as alíquotas, o lançamento e outros elementos, considerados matéria submetida à reserva legal, por conseqüência do princípio da legalidade. Todavia, essa competência não é exercida apenas no plano abstrato da formulação da lei. Ela é referida à economia. Em realidade, o tributo constitui uma transferência obrigatória de recursos, estabelecida em lei, do setor privado para o setor público.

A eficácia do tributo, entendida como a efetiva arrecadação do que está estabelecido na lei, está submetida a vários condicionamentos de caráter econômico e psico-social. Entre os econômicos são destacáveis; a estrutura da economia, vale dizer, a prevalência ou equilíbrio de setores da economia, primário (agricultura, pecuária, extrativismo vegetal e mineral), secundário (indústria) ou terciário (comércio e serviços); o nível de renda ou de produto da economia; a abertura e relações da economia com o exterior; a distribuição de renda e nível de desenvolvimento econômico.

Em País caracterizado por grandes desníveis regionais, os entes federados, situados em regiões de desenvolvimento atrasado ou com população rarefeita, de baixo nível de renda, dificilmente obteriam recursos para cumprir suas atribuições, baseados apenas nos tributos da sua competência tributária.

Vale enfatizar, o âmago do Federalismo Fiscal é a competência para instituir tributos, exercida mediante a aptidão de legislar sobre a sua conformação específica. Essa variedade de níveis de desenvolvimento sócio-econômico regional acarretou que o Federalismo Fiscal brasileiro apresente uma variação da formulação clássica. Paralelamente à atribuição da competência tributária surgiu a partilha da receita tributária, por dois mecanismos distintos, de forma a possibilitar a copartipação na receita tributária.

A partilha da receita tributária

Há duas sistemáticas distintas destinadas à distribuição da receita tributária. A mais tradicional corresponde à partilha do produto da arrecadação.

Distribuição do produto da arrecadação

Realizada a arrecadação, por força do previsto no art. 159, da Constituição, o IPI e o imposto de renda são distribuídos para o Fundo de Participação dos Estados e Distrito Federal (21,5%), Fundo de Participação dos Municípios (22,5%) e Fundo de Financiamento das Regiões Norte, Nordeste e Centro –Oeste (3%). Com relação ao IPI, mais 10% são direcionados para os Estados e o Distrito Federal, proporcionalmente ao valor das respectivas exportações de produtos industrializados (art. 159, II de CF). Esses recursos vinculados ao ressarcimento do esforço de exportação têm algumas restrições. Nenhum Estado poderá receber parcela superior a vinte por cento do total dessa distribuição, e os Estados entregarão ao Município vinte e cinco por cento dos recursos que receberem, observados os critérios de distribuição do ICMS, previstos no art. 158, parágrafo único, I e I da C.F. Vale dizer, três quartos no mínimo baseados na proporção do valor adicionado gerado no território do Município, em matéria de circulação de mercadorias e prestação de serviço, podendo a lei estadual dispor a respeito dos critérios de distribuição referentes a um quarto.

Tem-se que essa sistemática de partilha da arrecadação não é matéria de direito tributário, mas de direito financeiro, por envolver recursos apenas originalmente provenientes de tributos já recolhidos aos cofres da União, e, portanto, extinta a relação tributária. Trata-se de transferências financeiras obrigatórias, por força de dispositivo constitucional.

Receita própria em imposto da competência privativa de outro ente federado

Esta sistemática de partilha da receita é singular. No momento em que ocorra o pagamento do tributo, as parcelas designadas pelos art. 157 e 158 já constituem receita própria de outro ente, em imposto da competência de outrem. Nestes artigos citados, a Constituição determinou que, no instante em que se realiza a arrecadação o imposto correspondente passa a pertencer, conforme o caso, parcialmente, ao Estado, Distrito Federal ou Município, na proporção fixada pela Constituição.

Trata-se diferentemente da sistemática de distribuição do produto da arrecadação tributária, de matéria situada na esfera tributária. Quando se realiza a extinção do crédito tributário, mediante o pagamento do imposto, pertence ao ente determinado pela Constituição, a receita correspondente ao percentual estabelecido.

Interessante citar que pertence aos Estados, Distrito Federal e Municípios, a arrecadação do imposto de renda incidente na fonte sobre os rendimento pagos, a qualquer título, por eles, suas autarquias e pelas fundações que instituírem e mantiverem. Tem-se, assim, que essa arrecadação é feita diretamente por tais entes, não havendo a interveniência da União, posto que, como já mencionado, trata-se de arrecadação própria em tributo de competência de terceiro.

Ainda, pertencem aos Estados e Distrito Federal vinte por cento do novo imposto que a União instituir no exercício de sua competência residual (art. 154, I da C.F).

E pertencem aos Municípios cinqüenta por cento do imposto sobre a propriedade territorial rural (ITR), da competência da União; cinqüenta por cento do imposto sobre a propriedade de veículos automotores (IPVA), da competência dos Estados; vinte cinco por cento do imposto sobre operações relativas à circulação de mercadorias e prestações de serviços de transporte interestadual e intermunicipal e de comunicações (ICMS).

Regras assecuratórias da distribuição das receitas

Duas regras foram fixadas para assegurar à eficácia da observância dessas sistemáticas de distribuição de receitas. A relativa à União, pela qual ficou vedada, regra geral, a retenção ou qualquer restrição à entrega e ao emprego dos recursos atribuídos aos Estados, Distrito Federal e Municípios. (art. 160 da C.F).

Nessa questão de entrega de recursos de origem tributária dos Estados aos Municípios, a sanção estabelecida pela Constituição, é a mais grave na estruturação federativa – a intervenção federal. Com efeito, dispõe o art. 34, inciso V, alínea "b" da Constituição, que ocorrerá a intervenção da União, para organizar as finanças da unidade da Federação que deixar de entregar aos Municípios receitas tributária fixadas por ela, dentro dos prazos estabelecidos em lei.

Os critérios para a determinação da competência tributária

A determinação de que ente federativo terá competência para instituir determinado tributo é uma escolha política, feita pelo legislador constituinte. Constitui peça importantíssima na arquitetura da Federação.

Há certos critérios que têm sido universalmente aceitos. Por exemplo, na Federação os impostos sobre o comércio exterior devem situar-se na competência da União. Evidente que na estrutura federativa se atribua à União a centralização das relações internacionais do País, no plano diplomático, comercial da paz e da guerra e colaborativo (art. 21, incisos I a IV, da C.F). A projeção dessa definição concentradora, na área tributária, é a de que os impostos que incidem sobre o comércio exterior – imposto de importação e imposto de exportação – fiquem no âmbito federal. No Brasil, deve-se reconhecer que, por mais de um século, não foi assim. Desde o Ato Adicional de 1834 à Constituição Imperial de 1824, o imposto de exportação esteve na competência, inicialmente das Províncias, posteriormente, instaurada a República, na dos Estados. Apenas, em 1965, com a Emenda Constitucional nº 18, essa competência foi atribuída à União.

Há ainda o critério de natureza econômica baseado na mobilidade da matéria tributável. A Constituição de 1988 avançou nesse sentido. A sua formulação determina que os tributos incidentes sobre imóveis devam situar-se na competência do ente local. Os tributos incidentes sobre matéria mais volátil, como a renda, por oposição, devem localizar-se na União. A meio caminho, a tributação sobre vendas deve ser da competência dos Estados-membros.

Em linhas gerais, é o que ocorre na nossa Federação. A tributação imobiliária incidente sobre a propriedade predial e territorial urbana (IPTU) é da competência municipal. A Constituição de 1988 atribui ao Município, o imposto sobre a transmissão de bens imóveis, anteriormente afeto ao Estado.

Aperfeiçoou-se a exequibilidade da incidência, pois é evidente que a municipalidade tem maiores condições de determinar o valor do imóvel do que o Estado, pois dispõe, para a cobrança do IPTU, da planta de valores imobiliária desses bens existentes no seu território.

Reconheça-se que este critério que indica deve ficar a tributação imobiliária no ente local, não é seguida, integralmente, no modelo federativo brasileiro. Por exemplo, a tributação do imóvel rural atualmente está com a União. Em verdade, essa competência é a que mais variou. Já foi do Estado e do Município. Na proposta de reforma constitucional tributária do governo Lula, propõe-se que ela passe para os Estados, embora submetida à competência limitada, posto que toda a legislação será a editada pela União.

Há com relação a esse imposto uma pretensão que vem de longa data, mas ainda irrealizada. Utilizá-lo como instrumento de mudança das relações na área fundiária. Dito de outra forma, torná-lo um meio de intervenção na propriedade fundiária de sorte a propiciar seja utilizado para a reforma agrária.

Realmente, a União tem fracassado fragorosamente na administração desse tributo. Sob o ponto de vista arrecadatório, o seu desempenho é ridículo. Em 2002, a sua arrecadação foi de R$ 189.202,34, correspondendo a 0,04%, do global da arrecadação tributária bruta do País, de R$ 473.844.178,88, segundo dados fornecidos pela Secretaria da Receita Federal.

A incapacidade gerencial da União, na ótica financeira, pode ser dimensionada pelos objetivos da última disciplinação do ITR, realizada pela Lei nº 9.393, de 19 de dezembro de 1996. À época se lhe previu uma receita de um bilhão e meio de reais. Meia dúzia de anos após, a arrecadação realizada não chega sequer a 15% da previsão que embasava a citada lei.

Existem no País mais de oito milhões de imóveis rurais. A administração da União não tem conseguido administrar razoavelmente esse imposto, seja no ponto de vista financeiro (SRF), seja no aprimoramento da sua utilização (INCRA). Persistir a União como titular da competência para instituí-lo seria prosseguir na ineficácia.

Todavia, a atribuição do ITR aos Estados parece mais uma compensação, isto é, um *plus* pelas restrições ínsitas na proposta de reforma tributária do que efetivamente haja propósito efetivo e exeqüível de melhor utilização do tributo, seja com finalidade financeira, seja com finalidade de extrafiscalidade.

No ponto de vista financeiro e funcional, parece mais adequado que a sua competência se situe no plano municipal. Afinal, é o Município que dá assistência ao imóvel rural e a sua população, mediante a construção de estradas, sua conservação, assistência à saúde, na manutenção de escolas rurais e na prestação de variados serviços de apoio.

Ademais, estão no Município os dados relevantes para se determinar o valor, a titularidade e atributos característicos da terra rural: Registro de Imóveis e mercado. A racionalidade e factabilidade da tributação indicam deva a competência do ITR ser outorgada ao ente local.

Com relação aos propósitos de se utilizar o ITR efetivamente para a melhoria de distribuição da terra, tornando a sua utilização socialmente reais justa, limitando a especulação e o desperdício, parece oportuno substituí-lo por uma contribuição de intervenção no domínio agrário, de titularidade da União, tendo como base a extensão do imóvel e sua produtividade.

Nestes momentos em que se agudizam os conflitos agrários entre os sem-terra e os proprietários deve o governo federal dispor de instrumentos jurídicos eficazes para interferir na questão, visando a pacificar o campo, resolvendo os litígios. A tributação da terra rural, desde que factível, é reconhecida universalmente como um meio idôneo e produtivo para regular o uso do imóvel fundiário. Jamais o será, se for apenas moeda de troca, no jogo dos interesses entre a União e os Estados. O que está proposto no projeto do governo Lula é algo menor, desconectado com a relevância do problema, solução pífia e sem grandeza, afastada da realidade.

O enfraquecimento da boa-fé nos mecanismos de solidariedade na repartição da receita

No Estado de Direito, a fonte do poder, sua delimitação e seu exercício se situam na Constituição. Desde a promulgação da atual Constituição, titulares do Executivo e seus auxiliares estratégicos têm enfatizado a aversão à observância integral das suas regras e princípios. A impossibilidade de governar, aplicando o que ela dispõe e orienta, tem sido uma alegação persistente.

Determinadas regras constitucionais, principalmente no âmbito da partilha de receita, têm sido submetidas a desvios comportamentais do titular da competência tributária, para evitar a distribuição prevista constitucionalmente. Por exemplo, a União tem preferido elevar o ISOF, insuscetível de partilha, a realizar a majoração no imposto de renda.

Há práticas que implicam em subtrair ou diminuir recursos que seriam divididos, mediante a partilha da receita tributária.

A mais importante dessas manipulações foi a criação do Fundo Social de Emergência, pela Emenda Constitucional de Revisão n.º 01/94, pelo qual vinte por cento da arrecadação de todos os impostos e contribuições federais eram-lhe destinados. O imposto de renda incidente na fonte nos pagamentos feitos pela União também lhe era destinado, bem como o resultado de elevação de tributos federais proporcionado por várias leis e medidas provisórias. Tais recursos alocados ao Fundo foram excluídos da distribuição aos Fundos de Participação referentes as IPI e ao Imposto de Renda, deprimindo as parcelas atribuídas aos Estados, Distrito Federal, Municípios e às regiões Norte, Nordeste e Centro-Oeste. A Emenda Constitucional n.º 10/96 prorrogou a sua vigência até 30 de junho de 1997 e a Emenda Constitucional n.º 17/97, por sua vez até 31 de dezembro de 1999, rebatizando-o de Fundo de Estabilidade Fiscal.

O desvio de finalidade no âmbito das contribuições especiais

A Constituição de 1988 foi generosa com a esfera social. Introduziu o conceito de Seguridade Social, abrangendo as áreas da saúde, previdência e assistência social, e deu-lhe os meios financeiros para sustentá-la. Todas as bases tributárias suscetíveis de fornece-lhe recursos, exceto a patrimonial, foram elencadas: folha de salário, faturamento, lucro, concursos de prognósticos. As contribuições especiais constituem espécie tributária, cuja característica é a de propiciar uma vantagem, direta ou indireta, ao seu contribuinte, e a sua receita estar vinculada a uma destinação. A finalidade é elemento essencial a sua configuração. No caso das contribuições destinadas à Seguridade Social, a relevância da destinação é mais significativa, considerando-se a importância social da saúde, previdência e assistência social.

Essas contribuições que lhe dão suporte têm vinte por cento da arrecadação subtraídos, inicialmente pelo Fundo Social de Emergência, rebatizado de Fundo de Estabilidade Fiscal, e na última versão da sangria financeira, pela desvinculação de Receita da União – DRU –, que recebe os mesmos vinte por cento da arrecadação dessas contribuições. A reforma previdenciaria, que tramita paralelamente com a reforma tributária, tem sua origem exatamente na subtração de vinte por cento fixados na DRU. Não há déficit na previdência, até por que os cálculos feitos pelo Executivo ou são confusos ou infiéis às definições constitucionais de previdência e assistência social, previstas respectivamente no art. 201 e 202, e art. 203 e 204 da C.F. A propaganda denomina "déficit da previdência" um conjunto de despesas que não são apenas pertinentes à previdência, mas que se referem à assistência social.

Para se ter conhecimento da fabulosa arrecadação destinada à seguridade social, no total de cerca de R$ 172 bilhões, em 2002, eis os seus componentes: contribuição previdenciária (71 bilhões), COFINS (50.754 bilhões), CPMF (20.264 bilhões), PIS-PASEP (12.511 bilhões), CSLL (12.431 bilhões). Todos os impostos federais – IR, IPI, IE, II, ISOF, ITR – chegaram, em arrecadação, a cerca de 120 bilhões de reais.

Se os 34 bilhões desviados da Seguridade Social fossem empregados para atender às despesas gerais da União, haveria ainda uma justificativa razoável para o desvio. Todavia, esses recursos subtraídos à saúde, previdência e assistência social são destinados a formar o "superávit primário". Conceito construído para reservar recursos para o pagamento da dívida pública mobiliária do País, cujos principais credores são instituições financeiras, nacionais e estrangeiras.

As bases de incidência das contribuições especiais são típicas de impostos. Isso ocorre com as de intervenção no domínio econômico, as de interesse de categorias econômicas e profissionais e as sociais, aí incluídas as da Seguridade Social. A sua proliferação não tem tido limites. Enquanto a criação de novo imposto está submetida a disciplinação do art. 154, I, da Constituição – ser instituído por lei complementar, não ser cumulativo, e não repetir base de cálculo ou fato gerador dos impostos previstos na Constituição –, a contribuição especial tem um campo para criação mais livre e desempedido. É necessário limitá-lo, para proteção do contribuinte e evitar saturação das bases tributárias de impostos da competência dos Estados e Municípios, em invasão de área de atuação, tornando insuportável a pressão tributária de quem a padece. Essa matéria não foi tratada no projeto de reforma tributária.

A invasão imperialista

Há uma fricção típica de guerrilha tributária entre os Estados-membros do País. Trata-se do oferecimento de benefícios, incentivos, isenções, reduções de imposto visando a trair investimentos para Estados menos desenvolvidos.

A realidade é a de que os investimentos, *ceteris paribus*, são direcionados para os territórios dos Estados que dispõem das facilidades de infra-estrutura e mercado, renda e população. Os menos desenvolvidos, para captar investimentos e mudar o seu cenário, necessitam de criar atrativos. Estes estão especificamente na esfera tributária e financeira, para compensar as desvantagens locacionais existentes.

Embora a Constituição estabeleça que é objetivo fundamental da República "garantir o desenvolvimento nacional" e "erradicar a pobreza e a marginalização e reduzir as desigualdades sociais e regionais" (art. 3º, incisos II e III, respectivamente), o projeto do governo Lula propõe que o ICMS, dos Estados e do Distrito Federal, "não será objeto de insenção, redução de base de cálculo, crédito presumido ou qualquer outro incentivo ou benefício fiscal ou financeiro".

Grande parte do desenvolvimento nacional, principalmente na área industrial, foi promovida com base em renúncias tributárias. Vedar aos Estados e ao Distrito Federal de utilizar tais renúncias significa promover a estagnação do desenvolvimento dos mais pobres. E claramente favorecer o direcionamento de novos investimentos para os Estados desenvolvidos, dotados de economias externas.

Em verdade, a guerra tributária real é realizada pela invasão da União às bases tributárias estaduais e municipais. A COFINS e o PIS incidem sobre o faturamento das empresas. Faturamento corresponde a vendas de mercadorias (base do ICMS) e preço da prestação dos serviços (base do ISS).

A carga tributária é de 36% do PIB, absorvendo a estrutura estatal mais de um terço da produção nacional a título de tributo, torna difícil o pagamento de todos eles, considerada a renda média da população e a insuficiente prestação de serviços pelo Estado Nacional.

As restrições à competência tributária e o enfraquecimento da estrutura federativa

A atual Constituição já prevê limitações à competência tributária do principal tributo dos Estados e do Distrito Federal, o ICMS. A disciplinação desse imposto na Constituição assemelha-se à técnica de regulamento tão detalhada e casuística ela é. A mesma competência limitada ocorre com o ISS, dos Municípios.

Todavia, o projeto de reforma tributária do governo Lula elimina totalmente a participação dos Estados e do Distrito Federal na elaboração normativa do ICMS. Tudo virá de normas baixadas por órgãos da União. O ITR transferido para os Estados e o Distrito Federal é exemplo do absolutismo federal. A legislação será toda produzida pela União. A competência tributária em relação ao ICMS e ITR se esvai nesse projeto. Da nobre missão de legislar, tais entes federados passaram a ser meros cobradores. Descortina-se uma fase de decadência federativa, paralelamente a significativo aumento da carga tributária.

O projeto de reforma tributária conduz a estrutura estatal para o Estado Unitário, pela concentração, na União, do poder de legislar sobre matéria tributária estratégica. E para o povo agudiza o padecimento em que se encontra atualmente, no inferno tributário.

Reforma Tributária e Federação

Fernando Rezende

Introdução

A globalização da economia e das finanças, juntamente com o avanço do processo de formação de blocos econômicos regionais, impõe novos desafios para as federações. Estas são duplamente afetadas pela imposição de crescentes limites à autonomia dos Estados nacionais. De um lado, a harmonização das políticas econômicas, principalmente a tributária, exige uma maior uniformização dos impostos cobrados em todo o País, abalando um dos pilares tradicionais da autonomia federativa. De outro, a necessidade de sustentação do equilíbrio fiscal conduz à imposição de crescentes limites ao gasto público e ao endividamento de Estados e Municípios, à medida que uma rigorosa disciplina fiscal é fundamental para o sucesso da integração na economia mundial.

Outros desafios importantes referem-se à coesão federativa e à redução das disparidades regionais. Enquanto o desenvolvimento baseado no mercado interno e sustentado na substituição de importações exigiu a integração do mercado doméstico, a liberalização dos fluxos financeiros e comerciais abre espaço a um maior intercâmbio com países vizinhos, e mesmo com mercados do Atlântico Norte, enfraquecendo os incentivos à cooperação inter-regional.

Fernando Rezende – Economista, Professor da Escola Brasileira de Administração Pública e de Empresas – EBAPE, da Fundação Getúlio Vargas.

A internacionalização da economia da Amazônia, o desenvolvimento do agronegócio de exportação no Centro-Oeste, o deslocamento de indústrias tradicionais para o Nordeste, o estreitamento das relações do Sul/Sudeste com os países do Mercosul constituem traços marcantes de uma nova geografia econômica que precisa ser devidamente considerada. Nesse contexto, importa ressaltar a necessidade de criarem-se condições favoráveis à cooperação intergovernamental com vistas a um novo equilíbrio federativo e regional.

Não obstante, a abertura e a globalização criam focos de tensão que tendem a acirrar os antagonismos. Esses focos de manifestam: a) na tentativa, por parte da União, em impor controles mais rigorosos sobre a gestão administrativa e financeira de Estados e Municípios e nas reações que ambos oferecem ao cerceamento de suas autonomias; b) na demanda de Estados e Municípios por compensações de perdas sofridas em decorrência de decisões adotadas pelo governo federal; c) no enfraquecimento dos laços de solidariedade nacional provocado pelas novas oportunidades de comércio com países vizinhos; e d) na eclosão e escalada da guerra fiscal.

A despeito da força desses fatos, eles ainda não fazem parte do debate atual sobre a reforma do sistema tributário brasileiro. A par da preocupação com a guerra fiscal, as conseqüências mais amplas das transformações em curso no campo das relações econômicas internacionais para o desenho de sistemas tributários modernos têm sido desconsideradas. Em particular, é importante examinar, no nosso caso, as conseqüências tributárias da integração econômica para o caso específico de países que adotam a forma federativa de organização, tendo em vista a necessidade de avançarmos na direção de uma proposta para um novo federalismo fiscal, que seja capaz de conciliar a harmonização tributária com as exigências da eficiência econômica e da cooperação intergovernamental.

Competências, Harmonização Tributária e Autonomia Federativa

Uma das preocupações importantes no desenho de sistemas tributários em regimes federativos é assegurar o necessário equilíbrio entre a repartição de competências impositivas e a autonomia financeira dos entes federados. Em um modelo teoricamente ideal, as três principais bases tributárias conhecidas – renda, consumo e propriedade –, deveriam ser repartidas de acordo com a mobilidade dessas bases, de modo a estabelecer uma relação mais estreita entre o contribuinte e o poder público encarregado da sua administração. Assim, a propriedade imobiliária, fisicamente imutável, ficaria no campo das competências municipais, enquanto o consumo, que se concentra em um espaço mais amplo, deveria ser objeto de tributação pelos governos estaduais ou provinciais. Ao governo nacional seria reservada a competência para impor tributos sobre a renda originada em qualquer parte do País.

Claro está que a aderência a uma recomendação dessa natureza é impossível de ser encontrada. Cada federação adota a solução mais compatível com suas especificidades, não sendo possível falar da existência de um padrão. Quando as desigualdades regionais são grandes, o equilíbrio entre a repartição de competências e a autonomia federativa depende de um eficiente sistema de transferências compensatórias, capaz de equilibrar os interesses dos Estados mais desenvolvidos, que preferem mais autonomia para tributar, e os dos Estados mais atrasados, que necessitam complementar suas fracas possibilidades de arrecadação com transferências promovidas pelo poder central.

No caso brasileiro, a disputa federativa tem conduzido a uma maior diversidade de opções tributárias, que se expressam na existência de múltiplas incidências indiretas sobre o consumo de mercadorias e serviços. Tributos cumulativos, de mais fácil cobrança e fiscalização, convivem com formas modernas de tributação sobre o valor agregado, gerando distorções e ineficiências que prejudicam o contribuinte, a competitividade da economia e a eqüidade na tributação.

A globalização e a formação de mercados comuns e uniões econômicas alteram a situação vigente e forçam a realização de mudanças. Com a remoção das barreiras à livre circulação de mercadorias e serviços em toda a região abrangida pela união econômica, as diferenças de tratamento tributário também precisam ser removidas, sob pena de prejuízo para os membros do bloco que mantiverem impostos que penalizam a produção, os investimentos e a exportação. Por seu turno, as pressões por harmonização fiscal produzem um efeito positivo com respeito à necessidade de uma maior atenção aos princípios tributários que asseguram a integração competitiva ao mercado comum e à economia global.

No caminho da harmonização tributária, a substituição de um variado número de impostos que incidem sobre bases estreitas por um reduzido número de tributos de base ampla, veda a possibilidade de o equilíbrio federativo ser alcançado mediante fragmentação das bases e atribuição de competências tributárias exclusivas a cada um dos entes de uma federação. O recurso a competências concorrentes também não é compatível com as exigências de normas e de práticas administrativas uniformes em todo o território nacional. Desta forma, é necessário adotar um regime de competências partilhadas, no qual uma mesma base impositiva – o consumo, principalmente –, passa a ser objeto de tributação simultânea pelas entidades que compõem a federação.

Partilhar competências é distinto de partilhar as receitas dos tributos. Na partilha de receitas, o tributo pertence a uma das partes, quase sempre o governo central, que se encarrega da sua administração e cobrança e reparte o produto da arrecadação com os Estados membros de acordo com regras estipuladas na legislação. Na partilha de competências, o tributo pertence a ambos, União e Estados, que negociam conjuntamente, no Congresso, a legislação aplicável e as alíquotas que correspondem à parcela de cada um no tributo em questão. Ambos submetem, portanto, sua autonomia para legislar em matéria tributária ao poder legislativo nacional.

Outra vantagem importante da partilha de competências é a contribuição que ela traz para a estabilidade normativa. A partilha de uma ampla base tributária entre os componentes de uma federação torna mais difícil a ocorrência de freqüentes mudanças na legislação, pois para isso seria necessário conciliar interesses que nem sempre estariam de acordo com a necessidade e a natureza da mudança pretendida. Mais estabilidade também é importante para dar mais segurança ao contribuinte e estabelecer um ambiente propício à decisões de investimento e à atração de capitais, ambos de fundamental importância para o desenvolvimento nacional.

A harmonização tributária também atenua os riscos da desintegração econômica nacional ao eliminar as barreiras ao comércio interno e contribuir para a restauração de um clima de entendimento e de harmonia na Federação.

Em contrapartida, a harmonização tributária afeta um dos pilares centrais da autonomia dos entes federados, centrada na repartição das competências impositivas e nos mecanismos de repartição de receitas constitucionalmente definidos. Assim, para que ela venha a ser implementada, será necessário compensar as rígidas limitações à mobilização de recursos por meio da tributação com uma maior liberdade de aplicação dos recursos arrecadados, desde que as exigências do equilíbrio fiscal sejam respeitadas. Além disso, é possível explorar os espaços que permanecem para o financiamento da prestação de serviços de âmbito local mediante recursos oriundos dos próprios beneficiários desses serviços.

Autonomia e Cooperação

Numa federação marcadamente desigual como a brasileira, é necessário buscar um melhor equilíbrio entre autonomia e cooperação. A questão é como esse federalismo cooperativo poderá ser implantado, tendo em vista as manifestações recorrentes de antagonismo e a ausência de estímulos à cooperação.

Se adotada, a partilha de competências tributárias passa a ser instrumento poderoso de incentivo à cooperação. Um IVA nacional uniforme, partilhado pela União, Estados e Municípios e incidente sobre todas as mercadorias e serviços, contribui para a remoção de antagonismos e induz a cooperação. Uma base impositiva comum e uma legislação nacional uniforme conduzem à cooperação intergovernamental no campo da administração tributária, com benefícios não desprezíveis para o contribuinte e para o fisco. Do ponto de vista do contribuinte, a simplificação decorrente da adoção de uma base única para cálculo dos débitos fiscais reduz o custo das obrigações acessórias e dispensa a necessidade de recurso a diferentes instâncias para a solução de conflitos de interpretação. Do ponto de vista do fisco, a integração de cadastros e a fiscalização conjunta aumentam a eficiência do combate à fraude e à sonegação, ao mesmo tempo em que permitem obter substanciais economias administrativas.

Nesse modelo, o antagonismo que freqüentemente se manifesta sob a forma de concessão de incentivos fiscais para a atração de indústrias cede espaço para a adoção de políticas ativas de atração de atividades econômicas modernas por meio de programas de investimento na melhoria da infra-estrutura, dos serviços urbanos e dos programas sociais, notadamente os de melhoria do ensino básico e da assistência médico-hospitalar. A indispensável cooperação intergovernamental no financiamento de investimentos e na provisão de serviços contribuirá para fortalecer a coesão nacional.

Na implementação desse modelo, a co-participação no financiamento é a contrapartida da partilha de competências. Por meio dela, fica mais fácil avançar na direção de uma maior descentralização das responsabilidades públicas, sem que seja necessário incorrer em uma "overdose" de transferências. Com a repartição das receitas tributárias na federação guardando uma relação mais estreita com a renda e o consumo local, a co-participação no financiamento poderia ser definida em função das necessidades de atendimento das responsabilidades do Estado em uma nova política de desenvolvimento.

Em federações marcadas por elevadas desigualdades regionais e sociais, como a brasileira, a cooperação intergovernamental no atendimento das responsabilidades do Estado requer um ajuste periódico nos mecanismos de transferência de recursos financeiros que conformam o modelo de federalismo fiscal, de forma a ajustá-los à dinâmica espacial do País. Essa não tem sido, todavia, a prática brasileira. As bases do federalismo fiscal brasileiro ainda são as estabelecidas por ocasião da Reforma Tributária promovida pelo regime militar em 1967. Naquela oportunidade, o sistema tributário foi inteiramente reformulado com a introdução do imposto sobre o valor agregado na competência dos Estados, em substituição ao antigo imposto cumulativo sobre a venda de mercadorias, a inclusão dos serviços na esfera de competência tributária dos Municípios e o reforço das bases impositivas da União no campo da tributação da renda, da produção industrial e das atividades de transporte, energia e comunicações. Ao mesmo tempo, o sistema de transferências constitucionais de recursos da União para Estados e Municípios foi substancialmente reforçado, para compensar a centralização da arrecadação no governo federal e nos Estados mais industrializados do País.

Em essência, o modelo concebido em 1967 constituía-se de um tripé que correspondia a três objetivos importantes: a compensação a Estados e Municípios dotados de insuficiente base de arrecadação tributária; a cooperação intergovernamental na implementação das prioridades da política nacional de desenvolvimento; e o apoio a investimentos orientados para a redução das desigualdades regionais.

Durante o período em que pode exercer os efeitos dele esperados, o regime estabelecido pela Reforma Tributária de 1967 mostrou sua eficácia. A cooperação intergovernamental com respeito à implementação das políticas de modernização da infra-estrutura, então vistas como uma responsabilidade do Estado na condução do desenvolvimento econômico, criou as condições necessárias para a industrialização do País, ao mesmo tempo em que as diferenças econômicas entre as regiões brasileiras diminuía, em decorrência da ação dos governos estaduais e municipais, cujos orçamentos eram reforçados por transferências sustentadas nos Fundos de Participação (FPE e FPM), e dos investimentos privados sustentados pelos incentivos fiscais.

O esgotamento desse modelo coincidiu com o enfraquecimento do regime militar e a adoção da política de transição gradual para a democracia, mas a oportunidade de proceder à sua revisão, por ocasião dos trabalhos da Assembléia Nacional Constituinte instalada em 1985, não foi aproveitada. Elaborada no calor das denúncias contra a centralização do poder no governo federal promovida pelos militares, os constituintes elegeram como bandeira das mudanças, no capítulo tributário da Constituição, a descentralização.

A bandeira da descentralização estampava duas reivindicações: ampliação das competências tributárias de Estados e Municípios, defendida pelas unidades federadas mais desenvolvidas, e aumento das transferências de receitas federais, sem qualquer condicionalidade quanto a seu uso, defendida por aquelas unidades de menor desenvolvimento. Esticava-se, portanto, o alcance do modelo de 1967, com a entrega aos Estados da competência para incorporar combustíveis, energia e comunicações à base de incidência de seu principal imposto – agora rebatizado de ICMS – e com a ratificação do aumento na parcela da receita federal do Imposto de Renda e do IPI repassada aos Fundos de Participação, que passavam a absorver praticamente a metade da arrecadação dos principais tributos de competência da União.

Na essência, portanto, os fundamentos do modelo de 1967 não foram alterados, mas o equilíbrio do regime de partilhas e transferências de recursos foi perdido. Uma das pernas do tripé, a que cuidava da cooperação intergovernamental no tocante à implementação das políticas prioritárias para a promoção do desenvolvimento, foi amputada. A perna que sustentava os incentivos aos investimentos nas regiões de menor desenvolvimento foi atrofiada. Em contraposição, a perna da compensação financeira foi fortalecida, crescendo a ponto de mais do que dobrar em tamanho.

A conseqüência das decisões adotadas em 1988 e desdobramentos posteriores foi a ampliação dos desequilíbrios na repartição de recursos fiscais e a desarticulação das ações do Estado com respeito às prioridades da política de desenvolvimento. No primeiro caso, a não revisão dos critérios de rateio dos Fundos de

Participação de Estados e Municípios na Receita Federal acarretou profundos desequilíbrios na distribuição da receita orçamentária *per capita* entre Estados e entre Municípios, em benefício, principalmente daquelas unidades federadas de menor densidade populacional. No segundo caso, a não instituição de regras claras de cooperação intergovernamental impediu a articulação das ações federais, estaduais e municipais, com sérios prejuízos para a eficiência e a eficácia das políticas sociais.

Ao mesmo tempo, os incentivos fiscais que davam suporte às ações de promoção do desenvolvimento regional foram sendo esvaziados por mudanças na legislação do Imposto de Renda – que reduziram a importância desse imposto na composição da receita federal e introduziram regras simplificadas para o seu pagamento – e por sucessivas denúncias de malversação dos recursos correspondentes aos fundos formados a partir desses incentivos. O virtual abandono pelo governo federal das preocupações com o desenvolvimento das regiões economicamente mais atrasadas, fez com que a tendência de redução das disparidades de renda entre as regiões Norte/Nordeste e Sul/Sudeste se interrompesse a partir de meados dos oitenta, aumentando as dificuldades dos Estados localizados nas regiões mais pobres para sustentar as políticas deles exigidas no campo do atendimento das necessidades sociais.

Duas iniciativas recentes buscam estabelecer regras mais compatíveis com a necessidade de articular as ações públicas em áreas prioritárias para o futuro do País. São elas a instituição do Fundef e o estabelecimento de regras de co-participação financeira em programas de saúde básica. Em ambos os casos, o princípio da vinculação setorial de recursos, que havia sido desterrado em 1988, é reabilitado após reconhecimento de suas virtudes do ponto de vista da garantia de recursos e da articulação intergovernamental, além de viabilizarem a adoção, em todo o País, de padrões mínimos de atendimento.

Embora avaliações preliminares dessas iniciativas mostrem que os seus resultados tendem a ser positivos, elas foram concebidas para lidar com problemas específicos e não para marcar o início de mudanças que deveriam conduzir a um novo modelo de federalismo fiscal. No entanto, servem como referências a serem utilizadas no debate que precisa ser travado com a finalidade de promover mudanças profundas no modelo existente.

Comentários Finais

A despeito das evidências, todas as propostas de Reforma Tributária que foram elaboradas nos últimos quinze anos evitaram abordar as mudanças necessárias no federalismo fiscal, sob a justificativa de que o tema é politicamente explosivo. Todavia, a experiência está demonstrando que essa estratégia, além de limitada, contribui para acumular dificuldades a futuras mudanças. A revisão do sistema de impostos, que envolve a questão da atribuição de competências para instituir e administrar tributos na Federação, determina, juntamente com o sistema de partilhas e transferências, o perfil da repartição de receitas na Federação. Assim, a alteração isolada de uma das faces desse perfil não é capaz de corrigir as distorções atuais, podendo, ao contrário, torná-las ainda mais graves. Além disso, ela limita as possibilidades de promover uma reformulação mais abrangente do próprio sistema tributário, uma vez que fica mais difícil conciliar os interesses envolvidos e encontrar um novo ponto de equilíbrio entre competências e transferências.

O novo projeto de reforma do capítulo tributário da Constituição que está sendo apreciado pelo Congresso também evita tocar no modelo de federalismo fiscal, mas introduz mudanças que deverão provocar o debate a respeito. Incluem-se nessas mudanças a uniformização da legislação e das alíquotas do ICMS em todo o País, bem como a adoção de regras que eliminem a cumulatividade das contribuições sociais que são exigidas pela União.

No caso do ICMS, a uniformização contida na proposta constitui um passo importante na direção da harmonização tributária necessária para lidar com os desafios da globalização e da integração econômica regional, mas suas implicações para o equilíbrio regional e federativo ainda não foram avaliadas. Isso depende da edição da Lei Complementar que irá definir alíquotas do imposto e as regras de aplicação do novo ICMS, em particular a questão das receitas devidas ao Estado de destino nas operações interestaduais, bem como as competências e funcionamento do novo órgão colegiado que irá substituir o CONFAZ. Embora seja possível que as implicações da mudança no ICMS não sejam sentidas no curto prazo, no médio e longo prazos, a dinâmica espacial da economia será afetada, inclusive pela acomodação do setor produtivo às novas regras.

Com respeito às contribuições, a adoção do valor adicionado como base de tributação (ainda que adotado um método diferente de cobrança) também é indispensável à luz das exigências da competição internacional, mas deverá levar a uma provável disputa de espaço para a exploração dessa base na Federação, expondo o nervo do problema que vem sendo sucessivamente adiado. Aliás, as novas demandas dos Estados por participação nas receitas da CIDE do petróleo e da CPMF, e por desvinculação parcial de suas receitas, dão clara demonstração da insatisfação reinante e das dificuldades que vão se acumulando em decorrência do receio em abordar a raiz dos conflitos federativos.

A revisão do federalismo fiscal brasileiro é fundamental para recompor o equilíbrio federativo, estabelecer mecanismos eficazes para a cooperação intergovernamental na promoção e implementação de políticas nacionais de desenvolvimento e instituir novas regras voltadas para a redução das desigualdades regionais. Para tanto é necessário recompor, a partir de um novo desenho, o tripé concebido anteriormente.

No novo desenho desse tripé, a compensação a Estados e Municípios dotados de insuficiente base de arrecadação tributária – a primeira de suas pernas – deveria ter por objetivo assegurar um piso mínimo de recursos orçamentários por habitante em qualquer unidade da Federação. Recursos adicionais proviriam de fundos setoriais, que comporiam a segunda perna do tripé, os quais estariam voltados para assegurar a cooperação intergovernamental nas áreas que correspondem às responsabilidades do Estado na implementação de uma nova política nacional de desenvolvimento, em especial nos campos da saúde, da educação, da segurança pública e da infra-estrutura urbana. A terceira perna do novo tripé deveria sustentar a nova política de desenvolvimento regional a partir da recomposição dos respectivos mecanismos de financiamento, aí incluídos os incentivos fiscais e os fundos constitucionais.

Um aspecto importante a ser observado é a periódica reavaliação do equilíbrio desse tripé. Com a expectativa de mudanças mais rápidas na geografia socioeconômica, impulsionadas pelo cenário internacional e pelas transformações demográficas, é necessário introduzir mecanismos que viabilizem o ajustamento do modelo a intervalos de tempo a serem definidos.

Equilíbrio e Isonomia Tributária

Osiris de Azevedo Lopes

A Reforma como Paliativo Permanente

A revolução neste País, que tem fortes traços surrealistas, não significa derrubada violenta da ordem jurídica e política. Pelo contrário, o revolucionário aqui é a observância integral da Constituição, fundamento básico do nosso Estado de Direito.

Os desvios praticados, as exceções odiosas, os privilégios concedidos e os jeitinhos engenhosos são tantos, em violação à letra e espírito da Constituição, que o seu cumprimento incondicional e irrestrito, ganha conteúdo revolucionário, ao estabelecer ambiente valorativo do que ela consagra. Em realidade, o que a plenitude da ordem jurídica necessita é aplicação da norma jurídica genericamente para todos.

Há entranhado nos nossos homens públicos o fetichismo da norma jurídica. Vem governo, sai governo, o tema central adotado é o da reforma, entendida como modificação substancial de determinado regime jurídico, considerado fundamental e estratégico, seja por alteração da norma constitucional, seja da norma legal.

Osiris de Azevedo Lopes Filho – Advogado, Professor de Direito na Universidade de Brasília – UnB e da Fundação Getúlio Vargas – FGV; e Ex-Secretário da Receita Federal.

Esse ritual normativo, que indubitavelmente tem algum conteúdo mágico, tantos dirigentes públicos e privados são cativados por ele, vai determinando o foco das atenções e dos debates.

O diabólico dessa magia de encantamento é que se esquece ou se negligencia a capacidade de ação cotidiana do poder público. Exemplo típico disso é a questão da reforma tributária. A mobilização do governo federal nessa matéria decorre da ausência de recursos para atender aos gastos na prestação de serviços públicos e aos planos e objetivos que programa e deve alcançar, para cumprir suas finalidades.

A nossa cultura reformista é essencialmente normativa. As sucessivas crises padecidas pelo País têm sempre suscitado soluções voltadas para a disciplinação jurídica. A reforma feita pela modificação da lei tem constituído a panacéia nacional. Atribui-se à lei virtudes quase milagrosas na cura dos males nacionais. A lei regula condutas e organização. E em matéria tributária a conduta é essencial, vale dizer, a observância do que dispõe a norma constitui elemento fundamental para a consistência do sistema tributário. Concretamente, a regra tributária na nossa sociedade caracteriza-se por baixo nível de eficácia. Em outros termos, entre o que dispõe a lei tributária e sua execução há um hiato significativo. Vicejam aí sonegação, evasão, elisão, inadimplências, omissões, que tornam os tributos nacionais carentes de eficácia.

O cumprimento da lei tributária é submetido a dois condicionantes. O primeiro é a existência de governo exemplar, que aplique da melhor forma possível os recursos arrecadados, sem desvios ou corrupções, executando com lisura e eficácia suas ações e obras. O atendimento a isso induz o contribuinte a cumprir com maior grau de voluntariedade a sua obrigação de pagar o tributo devido, posto que os recursos estão empregados para o bem estar geral.

O outro condicionante constitui a existência de boa e moderna administração tributária, dotada de pessoal qualificado e de tecnologia adequada, para zelar pela eficácia da lei tributária, exponenciando o pagamento dos tributos como previsto abstratamente na lei.

O sistema tributário nacional, hoje, é dotado de baixa qualidade. Caminha aceleradamente para um não-sistema, conjunto de tributos ao qual falta racionalidade e integração harmônica. Ele necessita de aperfeiçoamentos, mas não de modificação substancial e repentina, como objeto de reformulação capital, a ser feita ao nível constitucional.

Quase todo aperfeiçoamento pode ser feito no plano legal. Tornar o imposto de renda adequado aos princípios constitucionais de regência; eliminar a cumulatividade da COFINS, como já foi feito, parcialmente, como relação ao PIS; evitar criar novas contribuições especiais repetindo base de incidência de imposto, saturando a matéria tributária. Isso tudo pode ser alcançado por alteração legislativa, prescindindo-se de bolinar a Constituição. Alterações na Constituição demandam, após a sua promulgação, sejam editadas as leis disciplinatórias que também podem não ter eficácia imediata, por demora do processo de tramitação legislativa, ou por aplicação do princípio da anterioridade da lei que, regra geral, possibilita a cobrança do tributo majorado ou instituído apenas no exercício financeiro seguinte.

O fato objetivo que se tem é o projeto de reforma constitucional tributária encaminhado ao Congresso Nacional pelo presidente Lula e é este que deve ser analisado.

Introdução da restrição absoluta à competência de legislar no âmbito do ICMS e do imposto sobre a propriedade territorial rural - ITR

O ICMS

A proposta de reforma constitucional do Presidente Lula, ao pretender reformular, substancialmente, o ICMS, da competência dos Estados e do Distrito Federal, alterará a estrutura da Federação brasileira, enfraquecendo-a.

Esse tributo é o principal do País. Tanto em abrangência, quanto em arrecadação. Em 2002, as sua receita global alcançou 104 bilhões de reais. A sua esfera de incidência compreende todas as operações com mercadorias, entre elas, as mais importantes, as vendas, e as prestações de serviços estratégicos na nossa economia: transportes e comunicações.

Aprofundou-se uma tendência que já estava presente na atual Constituição. A centralização em órgão da União do poder de legislar sobre o ICMS. Aos Estados e ao Distrito Federal vão caber apenas a função de arrecadá-lo para os seus cofres. Meros cobradores.

Prevê-se que a sua disciplinação básica, em observância às rígidas e detalhadas regras a serem fixadas pela Constituição, será feita por Lei Complementar, da União. Ao Senado Federal, órgão decisivo da representação estadual, terá uma função decorativa no novo desenho do ICMS. Estabelecerá as cinco alíquotas uniformes nacionais, destinadas a serem aplicadas às operações internas de circulação de mercadorias e prestação de serviços, bem como as interestaduais.

Todavia, a identificação das mercadorias e dos serviços abrangidos por tais alíquotas será procedida por regulamento baixado por órgão colegiado integrado por representantes de cada

Estado e do Distrito Federal. Este regulamento de caráter único, em realidade, consistirá no diploma normativo detalhado do imposto, proibida a edição de norma autônoma estadual. Castração absoluta do poder regulamentar dos Estados e do Distrito Federal.

A regra constitucional prevista, mais radical no cenário tributário nacional, é a que estabelece a neutralidade total desse tributo em relação à extrafiscalidade, ao dispor que o ICMS "não será objeto de isenção, redução de base de cálculo, crédito presumido ou qualquer outro incentivo ou benefício fiscal ou financeiro que implique sua redução".

Grande parte do desenvolvimento econômico, principalmente a instalação de plantas industriais, foi realizado, mediante a outorga do que se pode denominar de renúncias tributárias. A adoção de regra tão radical seguramente vai impossibilitar aos Estados menos desenvolvidos atrair investimentos para o seu território, com renúncias à arrecadação ou concessão dos recursos por mecanismos financeiros. Em realidade, essa regra radical, desacompanhada de uma política nacional destinada a promover o desenvolvimento regional equilibrado, a cargo da União, condenará os Estados de menor desenvolvimento a se conformarem com essa situação.

O imposto sobre a propriedade territorial rural – IRT

O ITR tem fracassado na sua dupla função: financeira e extrafiscal. Dados apresentados pela Secretaria da Receita Federal demonstram o montante irrisório de sua arrecadação, em 2002 – apenas R$ 189.202,34, correspondendo a 0,04% da receita tributária total do País, de R$ 473.844.178,88.

No plano da melhoria de utilização da terra rural, não se tem notícia de que esse tributo tenha tido papel relevante, como instrumento para realização da reforma agrária.

A Lei n.º 9.393, de 1996, que disciplinou o ITR, foi ambiciosa sob o ponto de vista fiscal, e como instrumento de intervenção na propriedade agrária.

Todavia, o resultado da sua aplicação foi pífio. A dificuldade decorre da enorme extensão do território nacional, do expressivo número de imóveis rurais, acima de 8 milhões, e da resistência tradicional dos contribuintes desse imposto em colaborem com o Fisco.

O projeto passa a titularidade do ITR para os Estados e o Distrito Federal. Titularidade para arrecadá-lo, pois toda a legislação será emanada da União, via lei complementar, proibida a adoção de norma autônoma estadual. A progressividade que pela atual disciplinação constitucional é implícita passa a ser explícita, estabelecidas suas alíquotas de forma a desestimular a manutenção de propriedades improdutivas. Mantém-se a imunidade das pequenas glebas, definidas em lei, quando as explore, só ou com sua família, o proprietário que não possua outro imóvel.

Há no País em torno de oito milhões de imóveis rurais. Embora a administração tributária federal tenha razoável capilaridade organizatória, a realidade tem demonstrado a dificuldade de dar eficácia a sua ação controladora do pagamento do tributo.

Parece mais razoável que se passe a titularidade da competência tributária para os Municípios, ente local mais vocacionado para determinar o valor da terra nua e que de fato lhe dá assistência por meio de abertura e conservação de estradas, atendimento de saúde e manutenção de escolas rurais e outros serviços públicos de apoio.

Para disciplinar a utilização do imóvel rural, no ponto de vista de reforma agrária, seria conveniente a criação de contribuição de intervenção no domínio agrário, tendo como base a extensão do imóvel rural e a sua produtividade. O universo reduzido de contribuintes, portanto, mais fácil de controlar, tornaria a contribuição efetiva no objetivo de aprimorar as relações fundiárias no País.

As inovações na tributação patrimonial

O imposto sobre as grandes fortunas

A tributação patrimonial enfrenta dificuldades de materialização, tanto na edição de norma disciplinadora, quanto na cobrança do respectivo imposto. A resistência do sujeito passivo a tal tipo de tributação é notória não apenas no Brasil, mas no mundo inteiro.

Embora deferida na Constituição de 1988 a competência da União para a instituição do imposto sobre grandes fortunas (art. 153, VII) e o ex-Presidente Fernando Henrique tenha apresentado, quando senador, projeto de lei instituindo-o, a verdade é que a sua tramitação no Congresso está emperrada, há mais de oito anos. Pode-se apontar dois empecilhos a sua criação. O primeiro é o de que os detentores do poder político e econômico resistem à instituição de tributo que abranja a totalidade do seu patrimônio. A outra é a que esse imposto está submetido à reserva de lei complementar, para a sua criação, que exige *quorum* qualificado para aprovação.

A modificação introduzida pelo projeto de reforma é no sentido de suprimir essa exigência de instituição por lei complementar. Aprovada a proposta, poderá ser criado por lei ordinária, de mais fácil tramitação e aprovação.

A progressividade sobre a tributação patrimonial

Objetiva-se tornar toda a tributação patrimonial, à exceção do IPVA, progressiva, conjugando-se com a progressividade já existente para o IPTU, na forma de Emenda Constitucional n.º 29, de 2000. Interessante mencionar que embora tenha havido divulgação pela imprensa de entrevistas de componentes do Executivo, mencionando a aplicação da progressividade para o ITBI, e para o imposto sobre sucessão *causa mortis*, possivelmente por equívoco, tais previsões não constam do projeto apresentado. Se esse é o desejo do Executivo, algum parlamentar da sua base de sustentação política poderá apresentar a respectiva emenda suprimindo a lacuna.

A perpetuação da CPMF

Propõe-se tornar permanente a Contribuição Provisória sobre Movimentações Financeiras – CPMF –, acrescentado-se o inciso IV ao art. 195 da Constituição. É a perpetuação da tributação pervertida, malandra, entreguista e enganadora.

Pervertida, pois onera todo processo produtivo do País, aumentado os custos de produção, e produzido o bem, incide sobre os recursos retirados das instituições financeiras para custear o seu consumo pelo povo, elevando exponencialmente os preços no mercado. Mais sacrifício tributário para o povo espoliado. Movimentação financeira não representa, em si mesma, capacidade contribuitiva. A aplicação da movimentação financeira é que revela a aptidão para suportar o tributo. E aí tem o imposto específico.

Malandra, pois configura tributo de fácil arrecadação, feita pelos bancos. A sua fiscalização e controle constituem tarefa fácil. Basta verificar a atuação das instituições financeiras.

Entreguista, pois eleva o custo de produção e o preço de venda das mercadorias produzidas no País, induzindo à importação, eis que a mercadoria produzida no exterior não sofre seus efeitos, ganhando, assim, poder de competição, no nosso território, com a produzida aqui.

Enganadora, pois analisada, em cada incidência, parece insignificante. Repetindo-se, no processo econômico, chegou a 23 bilhões, em 2002. E fornece a ilusão de que pega a economia subterrânea e criminosa. Acreditar nisso é matéria de fé. No campo de São Tomé, o do ver par crer, ela alcança mesmo, é todo o processo econômico formal, tirando-lhe poder de competição diante da evasão e sonegação.

Modificações na base de incidência da contribuição previdenciária e da contribuição sobre o faturamento da empresa – COFINS

Prevê a proposta de reforma a possibilidade de a lei ordinária implementar transformações na base de incidência da contribuição previdenciária atualmente situada sobre a folha de salários, apenadora da utilização intensiva do trabalho. A nova incidência poderá ocorrer sobre a receita ou o faturamento e deverá, se for implementada, adotar a não-cumulatividade. Trata-se de dispositivo programático, que atende as reivindicações formuladas nos últimos vinte anos.

Há duas questões, entre outras, que deverão ser consideradas por ocasião dos estudos para a realização dessa alteração, se efetivamente o empenho de realizá-la for consistente: a excessiva carga tributária existente sobre vendas, pois a receita bruta ou faturamento correspondente a isso, com efeitos regressivos sobre as pessoas de baixa renda; e a dificuldade de controle do mecanismo da não-cumulatividade, tendo-se como exemplo a estagnação da arrecadação do IPI, cujo controle tem sido negligenciado pela administração tributária.

Possivelmente para atender a pressões se incluiu dispositivo prevendo que a COFINS poderá ser parcialmente não-cumulativa. Trata-se de declaração de intenções, para aliviar exigências. A atual disciplinação constitucional não impede a adoção parcial da não-cumulatividade da COFINS. Aliás, isso já foi feito no âmbito do PIS, inicialmente por medida provisória, posteriormente convertida em lei.

Para realizar tal mudança não é necessária essa previsão constitucional, posto que não há obstáculo a isso expresso na Constituição.

As alterações do ICMS que vão se refletir na dinâmica das relações entre os Estados-Membros

A cobrança na origem, nas transações interestaduais

A proposta de reforma constitucional do ICMS, formulada pelo governo Lula, acarretará mudanças significativas no relacionamento entre as unidades federativas do País, no caso os Estados e o Distrito Federal.

Ela introduz critério decisivo para evitar a evasão do ICMS, nas vendas interestaduais de mercadorias. Trata-se da cobrança do ICMS na origem, vale dizer, no Estado que realiza a operação de remessa da mercadoria, objeto da operação interestadual, serão devidas duas arrecadações: uma direcionada ao Estado de origem, com aplicação da alíquota interestadual, em regra menor do que a interna; outra, devida ao Estado de destino, com a sua base de cálculo maior, pois incluirá o IPI e o próprio ICMS decorrente da apuração anterior, aplicando-se a alíquota interna, bem maior do que a interestadual.

A cobrança na origem da remessa interestadual tende a impedir uma prática evasiva de simulação de venda interestadual, posto que a sua alíquota é menor, permanecendo a mercadoria no próprio Estado de origem. O ganho obtido nessa venda simulada é significativo, pois a alíquota interestadual é bastante inferior à alíquota interna.

Esta solução já estava indicada pela evolução legislativa do imposto. Com efeito, ultimamente proliferaram as hipóteses de substituição tributária. Nesta substituição, o industrial, importador ou atacadista, ao realizar a operação de circulação de mercadoria, deve pagar o imposto referentes a duas etapas. A sua e a futura, a ser realizada pelo varejista, por ocasião da venda final ao consumidor.

É obvio que o controle da arrecadação, realizado em estabelecimentos concentradores de grande número de vendas – industrial, importador e atacadista –, é muito mais fácil do que aquele a ser feito em milhares de varejistas, destinatários das vendas efetuadas por tais estabelecimentos.

A centralização da cobrança inicial do ICMS, no Estado de origem, vai exigir alteração nas relações entre os governos dos Estados e do Distrito Federal. A confiança e colaboração passarão a ser necessárias, posto que a administração tributária do Estado de origem será incumbida de efetuar a arrecadação do tributo devido, decorrente da operação interestadual, para o Estado de destino da mercadoria, com aplicação da alíquota interna, bem maior.

Haverá, necessariamente, incremento nos níveis de cooperação entre as administrações tributárias estaduais que deverão se tornar solidárias no controle dos contribuintes do imposto. O risco de a nova sistemática arrecadatória propiciar litígios entre as unidades federativas vai decorrer da retenção ou desvios da arrecadação devida ao Estado de destino, realizada pelo Estado de origem. Controles confiáveis e aperfeiçoamento das relações entre as administrações tributárias estaduais poderão estabelecer um clima de coordenação de atividades e solidariedade na produção da recita desse imposto.

Mantido o sistema híbrido de partilha jurisdicional do ICMS, entre as unidades federativas de origem e destino da mercadoria, nas transações interestaduais, essa cobrança inicial na origem constitui significativa mudança.

Importante que as alíquotas nas operações interestaduais sejam baixas, mas não situadas em nível desprezível, para não desestimular a tarefa de controle e arrecadação no Estado de origem, nas transações interestaduais.

As regiões e os Estados menos desenvolvidos do País, que compõem mercado essencialmente consumidor, continuação a ter perdas de arrecadação que esse sistema híbrido acarreta. Todavia, essas perdas serão atenuadas pelo recebimento da arrecadação do que lhes é devido, pelos Estados de origem, na ponta inicial das operações interestaduais.

Um novo capítulo começa a surgir na nossa geografia tributária. O arquipélago, composto por unidades federativas conflitantes, tem o desafio de romper o isolamento e beligerância para adotar a solidariedade, coordenação e unidade de ação.

A relação entre os Estados ricos e os Estados pobres

O projeto assegura a hegemonia dos Estados desenvolvidos e perpetua a dependência e espoliação dos Estados pobres e subdesenvolvidos, concentrados nas regiões Norte, Centro-Oeste e Nordeste do País.

É magnânimo com os exportadores, mas arruína as finanças das Unidades menos desenvolvidas da Federação. Suas exportações estão fora da incidência do ICMS; nada vão arrecadar dos produtos da pecuária, agricultura, mineração e extrativismo vegetal que produzem e exportam. Ficarão à míngua de recursos desse tributo.

É mantida a partilha de arrecadação entre os Estados de origem e o de destino, nas transações interestaduais.

Trata-se melhor o país importador dos nossos produtos exportados do que os Estados pobres da Federação, consumidores dos bens produzidos nos Estados desenvolvidos. Os bens exportados pelo Brasil chegam no exterior livres da carga tributária do ICMS; já os adquiridos nos Estados consumidores chegam carregados com a carga tributária incidente no Estado de origem.

Mudar é preciso. Mas deve-se mudar para melhor, observando-se tratamento eqüitativo. O seu atropelamento gera intranqüilidade e retira perspectivas de crescimento e abolição da miséria nos Estados menos desenvolvidos.

Por enquanto a reforma tributária é só projeto, ameaçador para os fracos e oprimidos, deve-se reconhecer. Há tempo ainda de reformá-lo e torná-lo um instrumento eficaz para o progresso do País, libertação dos miseráveis e empobrecidos pela dependência aos poderosos.

Há esperança de que se mude e se crie solução harmônica e solidária, que não consagre a hegemonia dos desenvolvidos sobre os menos desenvolvidos. A abertura para o debate é o caminho para se estabelecer o equilíbrio de tratamento entre os Estados-membros da Federação.

Tratamento eqüitativo e isonômico, para construir um País de irmãos, solidários com seu destino comum. Sem prepotência e hegemonia.

Um Novo Enfoque para o Sistema Tributário Brasileiro

Cid Heraclito de Queiroz

As Pré-condições de uma Verdadeira Reforma

Uma verdadeira reforma tributária, sob um enfoque não só fiscal, mas, sobretudo, econômico-social, importaria na prévia análise e tomada de decisão política quanto a seis pré-condições:

1ª) estimativa da carga tributária tolerável, em face da capacidade contributiva dos brasileiros, ou, na letra da Constituição (art. 145, § 5º), "a capacidade econômica do contribuinte", a qual é função do produto interno bruto, da renda *per capita* e da distribuição da renda nacional entre as diversas camadas sociais;

2ª) enumeração dos encargos afetos ao poder público, em função das exigências da sociedade, no que tange à quantidade e à qualidade dos serviços públicos, daí decorrendo o grau de intervenção do Estado na economia e o desenho do tamanho ideal da Administração Pública;

3ª) definição dos encargos próprios da União, dos Estados e dos Municípios, indispensável para a estimativa dos respectivos custos anuais e a adequada partilha das receitas tributárias entre esses três níveis de governo;

Cid Heraclito de Queiroz – Advogado, ex-Procurador-Geral da Fazenda Nacional (1979/91). Integrou duas comissões de reforma tributária designadas pelo Presidente José Sarney. Participou de grupo que elaborou proposta de reforma tributária apresentada pela Confederação Nacional do Comércio. Prestou consultoria à Secretaria de Assuntos Fiscais do BNDES, a respeito de propostas de reforma tributária.

4ª) fixação dos objetivos políticos, sociais e econômicos, bem como das prioridades nas ações que visem a redução das desigualdades sociais e regionais, os investimentos públicos nas áreas da educação, saúde, habitação, infra-estrutura etc.;

5ª) utilização do sistema tributário exclusivamente como provedor do Tesouro – *pourvoyeur du Trésor*, segundo a feliz expressão de René Stourm – ou também como instrumento de finalidades econômicas: indução ao desenvolvimento, aos investimentos, às exportações, à redução de desequilíbrios regionais etc. – de finalidades sociais: indução à redistribuição da renda, à redução das desigualdades, à construção de habitações, à diminuição do consumo de produtos nocivos à saúde etc. ou de política monetária: redução ou expansão do poder aquisitivo e do crédito; e

6ª) escolha das hipóteses genéricas de incidência (fatos imponíveis; suportes fáticos; fatos geradores) dos tributos e contribuições: o patrimônio (a propriedade de imóveis e veículos, o patrimônio global, os ativos), a produção (industrial, mineral, agro-pecuária), a prestação de serviços, a circulação de riquezas ou o giro ou o volume dos negócios – *chiffre d'affaires*, para os franceses – (importação, exportação, circulação de mercadorias ou de dinheiro, créditos e valores mobiliários), a renda (entradas ou ingressos pecuniários ou patrimoniais, inclusive ganhos de capital e mais-valia), o consumo, as despesas ou a renda consumida (proposta do professor Nicholas Kaldor, em 1955) etc.

As Qualidades de um Bom Sistema Tributário

Os arquitetos da reorganização do nosso sistema tributário teriam de dotá-lo de qualidades tidas como indispensáveis à boa governabilidade.

O prof. Bernardo Ribeiro de Moraes lembra:

a) a suficiência (capacidade de produzir a renda adequada aos objetivos preestabelecidos);
b) a elasticidade (capacidade de produzir maior renda, quando necessário, sem a necessidade de emendas constitucionais casuísticas); e
c) a flexibilidade (capacidade de rápida adaptação às conjunturas de crise econômica, calamidades da natureza, comoções intestinas, guerras etc., sem impacto nocivo às contas públicas).

Acrescentaríamos, ainda:

a) a constitucionalidade, notadamente quanto à observância dos princípios da legalidade, da generalidade, da irretroatividade, da anterioridade e da vedação de efeito confiscatório;
b) a previsibilidade, ou seja, a regulação legal que permita a exata previsão das incidências tributárias, por largo período, de modo a que pessoas físicas e jurídicas possam planejar as suas atividades e os seus negócios e dispêndios;
c) a simplicidade, mediante leis e regulamentos de fácil compreensão, sobretudo quanto ao cálculo dos tributos e aos prazos das obrigações fiscais, e elaboração de formulários sintéticos e de fácil preenchimento;
d) a pluralidade de tributos, isto é, diversos, mas não muitos, evitando-se seja a utopia da unicidade tributária, defendida, no Século XVIII, pelos fisiocratas – Quesnay, Mirabeau, Du Pont de Nemours, Tourgot –, seja a multiplicidade dos impostos, defendida pioneiramente por Adam Smith, como uma garantia contra as iniqüidades do sistema (segundo Leroy Beaulieu, seria "mais ou menos impossível que os erros, inevitáveis na aplicação de cada imposto, pesem todos juntos

sobre o mesmo contribuinte", porquanto uns seriam compensados por outros e haveria dessa maneira "uma espécie de contrapeso que produziria o equilíbrio");

e) a modicidade na concessão de benefícios fiscais, de modo a evitar privilégios odiosos; e

f) a aceitabilidade social, isto é, sistema composto de tributos que os contribuintes recolham sem reações generalizadas (como em casos recentes do IR, COFINS, CPMF e diversas taxas), mesmo porque, como advertia Hamilton, "a índole do povo não tolerará processos inquisitivos e autoritários na legislação fiscal".

Na conjuntura atual da globalização, o nosso sistema tributário teria, ainda, de guardar compatibilidade com os sistemas adotados por nossos maiores parceiros comerciais e de garantir competitividade aos produtos nacionais (desoneração das exportações, tratamento isonômico entre os produtos nacionais e os importados e imposição de direitos compensatórios e sanções contra o *dumping* e outras práticas de comércio exterior nocivas ao País).

Na criação e regulação dos tributos, teria de ser considerada a força, visível e intangível, mas sensível e perceptível, do caráter nacional e das aspirações sociais, que limitam o próprio poder fiscal, inerente à soberania. Sociólogos deveriam participar dos estudos sobre a reforma.

Hamilton observou, há mais de duzentos anos, que "certos tipos de impostos não afinam com os sentimentos do povo".

Entretanto, tudo isso foi ignorado pelos constituintes de 1988, que desorganizaram o sistema estruturado pelos idealistas de 1965 - Simões Lopes, Rubens Gomes de Souza, Gerson Augusto da Silva, Sebastião Santana, Gilberto Ulhôa Canto e Mário Henrique Simonsen -, para ampliar o elenco de tributos, elevar a carga tributária e reduzir, de modo sufocante, a participação da União nessa carga tributária, de mais de 50% para 36,5% (em 1992), assim inviabilizando o prosseguimento dos investimentos públicos que haviam propiciado o notável desenvolvimento do período 1955/1985.

Desde a Carta de 1988, os governos e a classe política vem defendendo e a coletividade vem exigindo uma ampla reforma tributária, que objetive, basicamente:

a) a redução da excessiva carga tributária;
b) a diminuição da multiplicidade de impostos, taxas e contribuições;
c) a modernização dos procedimentos de controle e fiscalização;
d) a desburocratização das obrigações fiscais.

Esses objetivos podem ser alcançados sem prejuízo do ajuste fiscal, para o definitivo equacionamento das finanças dos governos federal, estaduais e municipais, em face da imensa gama dos respectivos encargos, de modo a propiciar as condições de execução de uma política de equilíbrio nas contas públicas, agora ditada pela Lei de Responsabilidade Fiscal.

Todavia, a reforma tributária, em debate há dez anos, transformou-se, em realidade, na expectativa de um mero ajuste, com o objetivo de abrandar as incidências "em cascata", eliminar a "guerra fiscal" entre os governos estaduais e reduzir o "custo Brasil", mesmo assim sem prejuízo da manutenção do nível atual das receitas tributárias e, se possível, aumentá-lo.

O projeto em discussão no Congresso Nacional, na linha dos anteriores, é limitado e, por não ter sido precedido de uma ampla negociação política e técnica entre todas as partes interessadas, transformou-se num pesadelo, envolvendo conflitos de interesses entre o governo federal e os estaduais e entre os governos e os contribuintes, entravando o processo de desenvolvimento econômico e a realização da justiça social. E pode terminar num impasse ou em mais um ato autoritário.

A Simplificação do Sistema

A simplificação do sistema teria de abranger:

a) maior justiça fiscal, reduzindo as incidências que oneram excessivamente a produção e o consumo das classes de baixa renda;

b) a redução da carga tributária, hoje cerca de 40 %;

c) a redução do número de impostos e contribuições, os quais devem ser limitados a seis hipóteses genéricas de incidência (fatos imponíveis ou suportes fáticos):

 1) o comércio exterior (importação e exportação de bens e serviços);

 2) a renda (entradas ou ingressos pecuniários ou patrimoniais, inclusive os ganhos de capital);

 3) o patrimônio (imóveis urbanos e rurais e veículos automotores);

 4) o valor agregado na circulação de mercadorias;

 5) a prestação de serviços; e

 6) as operações financeiras (crédito, câmbio e seguros ou relativas a títulos e valores mobiliários);

d) o restabelecimento da função fiscal federal do imposto de renda, mediante a redução da participação de Estados e Municípios, no produto da respectiva arrecadação;

e) a redução da evasão e da sonegação fiscal.

f) a redução dos custos administrativos com a arrecadação e a fiscalização;

g) a eliminação da burocracia fiscal, sobretudo a multiplicidade de fiscalizações e a imensa gama de declarações, formulários, escrituração de livros e outras obrigações acessórias; e

h) a transformação das contribuições sociais em adicionais do IR, do IPI e do ICMS, com receita vinculada ao financiamento da seguridade social.

O Combate à Evasão e à Sonegação e a Eliminação das Injustiças Fiscais

A redução da evasão e da sonegação fiscais deve constituir um dos objetivos centrais de uma reforma tributária, em nosso País, pela elevada injustiça fiscal que elas representam. Este é um enfoque indispensável a qualquer proposta de reforma tributária.

Destaca-se, neste tema, a discussão entre as vantagens e desvantagens dos chamados impostos não-declaratórios, ou seja, os que não dependem de uma declaração do contribuinte.

As desvantagens dos impostos não-declaratórios, como os antigos impostos únicos sobre a energia elétrica e as comunicações e a CPMF, residem no fato de que eles envolvem a incidência indireta, que é anti-social e regressiva.

É de admitir-se que, no atual estágio da cultura fiscal brasileira, esses tributos sejam válidos, desde que submetidos a certas condições para evitar suas naturais desvantagens. Por exemplo: no imposto sobre o consumo de energia elétrica, a isenção para habitações da população de baixa renda, a progressividade, a diversidade de alíquotas em função da natureza da unidade consumidora (residencial, industrial, comercial, lazer, estabelecimentos de ensino, de benemerência social etc.). Na CPMF, a compensação com outros impostos, a isenção para movimentações financeiras mensais ou anuais até determinado limite.

Para o combate à sonegação, a Secretaria da Receita Federal

está, hoje, dotada de todos os instrumentos necessários a uma ação mais eficaz, inclusive a chamada quebra de sigilo bancário, de constitucionalidade duvidosa e autoritarismo evidente. É necessário liberar auditores e fiscais da vetusta "fiscalização de rua" e concentrá-los em atividades mais nobres, com a ajuda dos notáveis avanços do tele-processamento de informações.

Outro ponto a merecer atenção é o relativo à Dívida Ativa da União, que se elevou de 45.493 inscrições, em 1990, para mais de três milhões, no presente, e de R$ 2,8 bilhões para R$ 160 bilhões, no mesmo período.

A Dívida Ativa do INSS montaria a mais de R$ 60 bilhões e a Dívida Ativa da União não-inscrita (objeto de cobrança ou de processos fiscais em curso na Receita Federal) pode ser estimada em mais de R$ 100 bilhões.

A sonegação, somente no plano federal, foi estimada pela própria Receita Federal em 825 bilhões, em 1999 (*Jornal do Brasil* de 24/1/99).

Afora isso, calcula-se que estariam depositados no exterior, por brasileiros, de US$ 100 a US$ 200 bilhões, derivados em parte de atividades ilícitas, mas em maior parte de imenso número de contribuintes com renda suficiente para constituí-los e que assim agiram em atitude de defesa patrimonial – embora de forma ilegal – diante dos desacertos da política e da economia nacionais.

Em relação à Dívida Ativa, são necessários programas intensos de cobrança amigável, inclusive com redução de multas e de juros de mora, que alcançaram expressivos êxitos no passado e vem sendo utilizados, com sucesso, pela Prefeitura do Rio de Janeiro.

Com criatividade, o governo poderia montar, na Secretaria do Tesouro Nacional, uma espécie de câmara de compensação entre a Dívida Ativa e a Dívida Passiva da União, mediante a emissão de título escritural, de finalidade específica e livre circulação entre credores, devedores e investidores, através de sistema centralizado de custódia e liquidação financeira.

Seria, ainda, oportuna a edição de mais uma lei para admitir a possibilidade da regularização de investimentos no exterior para quem possa comprovar a disponibilidade de renda declarada, para efetuá-los, e recolha o imposto de renda relativo aos juros recebidos. O momento parece oportuno, em face das crescentes críticas aos paraísos fiscais.

De qualquer forma, revela-se indispensável um estudo meticuloso para identificar as causas mais remotas do incremento da evasão e da sonegação, sendo de registrar-se, desde logo, o empobrecimento técnico da legislação tributária, dando origem a uma tormentosa quantidade de controvérsias e litígios, estes abarrotando o Judiciário.

Por outro lado, o sistema tributário brasileiro, como atualmente estruturado, dá causa a acentuadas injustiças sociais. Primeiramente, merece menção a exagerada carga tributária que atinge as classes de baixa renda, principalmente nas incidências indiretas do ICMS, do IPI, da COFINS e da CPMF.

As classes de baixa renda pagam esses tributos embutidos no preço de diversos produtos que consomem e, desse forma, contribuem para financiar obras e serviços públicos de que nunca se beneficiarão. E pagam esses tributos, ao mesmo tempo em que diversas classes de alta renda são beneficiadas por isenções e incentivos fiscais. Um estudo do IPEA demonstra que a carga tributária atinge, fortemente, a camada mais pobre da população, com renda até dois salários-mínimos.

Os pequenos empresários (microempresas e empresas de pequeno porte) foram beneficiados pelo denominado "Simples", a tributação unificada (IRPJ, PIS/PASEP, CSLL, COFINS, IPI e Contribuição Previdenciária do empregador) e reduzida, sistemática que, no entanto, não beneficia diversos segmentos, como os dos serviços profissionais em geral.

Por conseguinte, uma reforma tributária tem de corrigir todas essas distorções.

A Diminuição do "Custo Brasil" e a Ampliação da Competitividade da Economia

A diminuição do "custo Brasil" e a ampliação da competitividade da produção nacional não mais dependem de modificações relevantes em nosso sistema tributário, a não ser as mais gerais, como a redução da carga tributária e a simplificação da burocracia fiscal. No entanto, a chamada "exportação de tributos" foi eliminada não só no que tange ao IPI e ao ICMS, como também em relação às contribuições sociais.

Presentemente, a redução do "custo Brasil" depende, basicamente, da redução da taxa de juros (medida da área da política monetária) e da melhoria de nossa infra-estrutura (portos, ferrovias, rodovias, ferrovias etc.).

A Carga Tributária Intolerável

A Magna Carta, de 1215, imposta pelos barões ingleses ao Rei João-sem-Terra, constituiu-se na primeira reação à incontinência fiscal da realeza, no que tange à imposição e cobrança de tributos para financiar as despesas reais, tanto com as guerras de ataque e conquista e de defesa da coroa, como com o luxo dos palácios.

O declínio do Antigo Regime Europeu e o fim da Idade Moderna no Século XVIII, a Independência dos Estados Unidos em 1776, a Constituição norte-americana promulgada em 1787, a Revolução Francesa e a Declaração dos Direitos do Homem, em 1789, puseram fim aos excessos do absolutismo monárquico e transformaram o mundo, assegurando ao homem os direitos e garantias fundamentais inerentes à própria natureza.

Nos dias atuais, os países do chamado primeiro mundo são caracterizados não só pelo regime democrático e pelo elevado nível de desenvolvimento e adequada distribuição da renda. Destacam-se, também, pelo justo ordenamento fiscal, ou seja, por orçamentos públicos limitados pela "capacidade contributiva" de seus cidadãos ou o limite máximo de tributos que a sociedade, numa determinada conjuntura, pode e concorda em transferir ao Erário, para o custeio dos serviços públicos e o aperfeiçoamento da ordem social. O desrespeito a tal limite é que caracteriza, na atualidade, os regimes essencialmente autocráticos, ainda que formalmente democráticos.

Uma carga tributária excessiva atrasa o desenvolvimento e, num círculo vicioso, provoca a queda da arrecadação e, assim, dificulta a realização dos investimentos para a geração de emprego e renda. Segundo cálculos do IBGE, do Ministério da Fazenda e do BNDES, a carga tributária:

a) era de 13,8% do PIB, em 1947;
b) variou entre 20% e 25%, no período de 1970 a 1989;
c) elevou-se a 29,5% em 1990, com o Plano Collor;
d) decresceu, para 24,7% em 1993;
e) elevou-se, no início do Plano Real, em 1994, para 26,97%;
f) voltou a crescer, sem cessar, em 1995, para 28,44%; em 1996, para 28,63%; em 1997, para 28,58%; em 1998, para 29,33%; em 1999, para 31,67% e, em 2000, para 34%;
g) neste ano, atingiu o patamar recorde de 37%, com tendência a alcançar o calamitoso índice de 40%;
(h)de 1989 a 2003, cresceu cerca de 100%.

Essa carga tributária é maior do que a dos Estados Unidos e bem maior do que a da México, Argentina e Chile.

Assim sendo, a carga tributária, que já pode ser tida, na essência, como inconstitucional (por não respeitar a capacidade econômica dos contribuintes e ter, em face do acréscimo das novas incidências, efeito confiscatório), desestimula a atividade econômica, afugenta os investidores, incrementa o desemprego e reduz o mercado interno.

Evidentemente, tal processo, se não for detido, poderá provocar instabilidades políticas e sociais. Afinal, os excessos fiscais estão na raiz do ocaso do feudalismo, da imposição da Magna Carta ao tirânico Rei John Lackland, da queda do absolutismo, da Revolução Francesa, da Independência dos Estados Unidos, da Inconfidência Mineira etc.

O Projeto de Reforma Tributária

A Proposta de Emenda Constitucional (PEC Nº 41-A), que o Governo submeteu ao Congresso Nacional, objetiva:

1º) basicamente, uma reestruturação na sistemática de incidência e cobrança do ICMS; e

2º) secundariamente:

a) transformar o CPMF em contribuição de caráter permanente;

b) eliminar a exigência de lei complementar para a criação do imposto sobre grandes fortunas;

c) transferir para os Estados o imposto sobre a propriedade territorial rural, tornando-o progressivo;

d) tornar progressivo o imposto estadual sobre transmissão *causa mortis* e doações de bens e direitos e elevar a progressividade do imposto municipal sobre a transmissão *inter vivos* de imóveis;

e) retirar mais 2% (aumentando de 47% para 49%) da receita do IPI, para mais um fundo de desenvolvimento regional.

As modificações concernentes ao ICMS não têm a amplitude das propostas anteriormente discutidas no Congresso Nacional. Mantém na alçada de uma lei complementar a regulação de aspectos básicos do imposto, que será disciplinado, em cada Estado, pela lei respectiva.

A proposta envolve, ainda:

1°)o estabelecimento de alíquotas uniformes por classes de produtos ou serviços;

2°)a limitação do número de alíquotas até um máximo de 5 classes;

3°)a atribuição, ao Senado Federal, da competência para fixação de alíquotas, inclusive para operações e prestações interestaduais;

4°)a atribuição do imposto ao estado de origem, salvo no caso de energia e petróleo e seus derivados, em que o imposto será devido ao Estado de localização do destinatário;

5°)a vedação de isenções, redução da base de cálculo, crédito outorgado ou outro incentivo ou benefício fiscal que implique renúncia de receita;

6°)a previsão de um regulamento único, obrigatório para todos os Estados e Distrito Federal, a ser aprovado por um órgão colegiado composto por representantes das unidades federadas; e

7°)a não incidência do imposto sobre a exportação de mercadorias para o exterior, assegurada a manutenção ou aproveitamento do montante do imposto cobrado nas operações e prestações anteriores.

Por sua vez, a transformação da CPMF em contribuição permanente constitui um retrocesso, dada a sua incidência cumulativa.

A manutenção da CPMF, como instrumento tido como relevante para a fiscalização do imposto de renda, somente deveria ser admitida se incidente à alíquotas módicas (algo como até dez centésimos por cento) e se admitida a isenção para movimentações financeiras razoáveis e a compensação dos valores cobrados com outros tributos federais.

Considerações Finais

A PEC decepciona porque não constitui uma reforma tributária, mas mero ajuste no Sistema Tributário Nacional.

Se, por um lado, procura aperfeiçoar o ICMS, a Proposta propicia o aumento da carga tributária e ataca a propriedade privada, com diversos impostos progressivos e com a ameaça do imposto sobre grandes fortunas, comprovadamente ineficaz e que, em outros países, atingiu, basicamente, a classe média.

Pior ainda: a PEC, discretamente, prorroga, por mais quatro anos, a chamada "desvinculação das receitas federais", a famosa "DRU", esta verdadeira "fraude legal" ao Orçamento, que, já "desviou" da seguridade social, para cobrir os rombos do Tesouro Nacional, mais de R$44 bilhões e deverá desviar, no corrente exercício, mais R$24 bilhões.

Assim, em lugar de avançar na redistribuição da renda e na redução das desigualdades sociais, a Reforma cria fontes de recursos para a continuada expansão da Administração Pública, com pencas de Ministérios, secretarias, agências, conselhos, comissões e outros órgãos e, sobretudo, para custear a despesa com o pagamento dos juros de nossa imensa dívida pública, que se eleva vertiginosamente, em face das altas taxas impostas, sem base legal expressa e transparente, pelo Banco Central.

Não serão atendidas as aspirações da sociedade quanto à: a) redução da carga tributária; b) racionalização, simplificação e desburocratização do sistema tributário; c) redução das desigualdades sociais.

Reforma tributária sim, aumento da carga tributária não

Jorge Gerdau Johannpeter

Introdução*

Dentro do processo de desenvolvimento que o Brasil precisa construir, põe-se a Reforma Tributária como uma das peças-chave pois é principalmente através dela que o empresariado pode ter definidas condições isonômicas com os seus competidores dos demais países que disputam com o Brasil no cenário global.

Acontece que, hoje, o Brasil tem um sistema tributário arcaico, com uma estrutura de impostos cumulativos, o que faz com que seja um dos poucos países no mundo que continua exportando impostos.

Na atualidade, praticamente todos os sistemas tributários mundiais funcionam com um sistema de impostos sobre o valor agregado (IVA) que permite o crédito dos impostos pagos nas etapas anteriores da cadeia produtiva e vai, assim, cobrando imposto em função do valor que cada etapa do processo produtivo adiciona. Nesses sistemas, são isentas de impostos as exportações, isso sem

*Este texto é uma nota introdutória ao documento da Ação Empresarial sobre o Projeto de Reforma Tributária, apresentado a seguir.

Jorge Gerdau Johannpeter – Preside do Grupo Gerdau. Coordenador Ação Empresarial Brasileira. Conselheiro do Instituto Brasileiro de Siderurgia (IBS) e presidente do Conselho de Administração da Açominas e do Conselho Superior do Movimento Brasil Competitivo (MBC); conselheiro da Petrobrás, e do Conselho de Desenvolvimento Econômico e Social, do Governo Federal.

prejuízo dos créditos das etapas anteriores, que faz com que o produto não os tenha incorporado no seu preço de venda ao exterior.

É um modelo consagrado ao longo de dezenas de anos, nos mais diversos países.

No Brasil, com o IPI e o ICMS, buscava-se adotar um modelo semelhante, embora não tão perfeito, em especial em relação a esse último, porque limitava os créditos a determinadas aquisições, deixando de lado, por exemplo, créditos de natureza financeira. Mais tarde, através da Lei Kandir, buscou-se aperfeiçoar o sistema de créditos do ICMS; parte dela, no entanto, encontra-se, ainda, pendente de implementação, sempre procrastinada em face do interesse arrecadatório e nunca satisfeito dos Estados.

Posteriormente ainda foram criadas as contribuições sociais que são cumulativas, inclusive o CPMF, e que se tornaram fonte importante de arrecadação do Governo federal, mormente por não necessitarem ser partilhadas com os outros órgãos federativos.

A verdade é que, com tudo isso, o Brasil está 20 ou 30 anos atrasado em relação ao que que existe no mundo e muito necessita ser feito para que possamos nos equiparar aos nossos concorrentes internacionais.

Graças à atuação forte, principalmente, dos setores empresariais, conseguiu-se conscientizar o Governo anterior e os legisladores de quão danosa é a manutenção de tributos cumulativos, a ponto de um pequeno avanço ter sido conseguido nesse sentido, em relação ao PIS, porém ao preço de um aumento de alíquota de 0,65% para 1,65%. Em face dessa concessão, na realidade, a arrecadação cresceu de uma forma significativa, pois o PIS tem arrecadado ao redor de 47% a mais do que anteriormente. Vê-se, hoje, que uma alíquota de 1,15% teria bastado, e essa redução é agora defendida pelos setores empresariais (números referentes ao 1º semestre de 2003).

Além disso, os empresários defendem que o COFINS se estruture da mesma forma que o PIS, o que, pelo nível de arrecadação que obteve este último, poderia implicar em uma nova alíquota não superior a 5%.

O empresariado defende também que a arrecadação da CPFM seja adicionada à do COFINS, ficando aquela com função meramente fiscalizatória e alíquota de apenas 0,08%, conforme proposto inicialmente pelo Governo federal.

Outro ponto decisivo para a melhoria da competitividade do Brasil é eliminar-se todo tipo de impostos sobre bens de capital, independentemente do setor a que atendam. No mundo inteiro, não se tributam bens destinados à produção (tanto para o setor primário, como para o setor industrial) . Com essa medida, ter-se-ia uma reduçao no custo do imobilizado ao redor de 20%, em alguns casos até 30 ou 35%, o que tornaria o Brasil altamente competitivo e lhe permitiria continuar mantendo seus níveis de exportação.

Todos esses pontos que mencionamos estão essencialmente calcados no pressuposto de que não deve haver aumento de carga tributária, ou seja, que se mantenha a neutralidade da Reforma Tributária e que os entes federativos não percam mas também não aumentem arrecadação, pelo simples fato da Reforma. Não pode haver beneficiários, nem prejudicados. É dentro dessa concepção que se deve construir a Reforma Tributária, para que ela possa exercer o seu grande papel de ser um instrumento de correção de rumos, para que os impostos não sejam fator de prejuízo da capacidade competitiva do país.

A mais longo prazo, dever-se-ia tentar construir um IVA nacional, que repartisse entre o governos federal, estaduais e municipais a sua arrecadação. Esse imposto maior deveria incorporar o imposto sobre serviços, que é outro imposto cumulativo. Como a atividade de serviços é a que mais cresce na estrutura econômica atual, hoje estamos exportando imposto sobre serviços, isto porque, na cadeia de qualquer produto industrial, há dezenas de etapas em que se agregam serviços. A realização desse sonho do grande IVA, no entanto, somente ocorrerá caso se prove que a harmonia tributária entre União, Estados e Municípios é possível, para que se criem as condições de confiança necessárias a que os entes federativos se disponham a abdicar de sua formal porém nem sempre real soberania tributária em benefício de um projeto maior.

Por ora, ficamos com a Reforma preconizada pelo Governo porque, se quisermos tudo de uma só vez, dadas as relações históricas de desconfiança e a diversidade dos interesses envolvidos, a complexidade das legislações existentes, o corporativismo das estruturas burocráticas federal, estaduais e municipais, nós, provavelmente, não chegaremos a um entendimento. Temos que resolver os temas, infelizmente, com base em fatos concretos. A verdade é que temos um desafio legislativo bastante complexo, que deverá ser vencido etapa por etapa, na busca permanente da competitividade global do País.

Reforma tributária sim, aumento da carga tributária não

O Brasil produz menos e gera menos emprego porque seu sistema tributário é oneroso, complexo distorcido e injusto.

Desestimula o crescimento, a produção, a geração de emprego e induz à sonegação e à informalidade. Taxa as exportações, os investimentos e as operações de crédito. Impostos em cascata se acumulam ao longo da cadeia produtiva.

Prejudica quem produz e quem consome. Toda a sociedade sofre.

Por que apoiar uma Reforma Tributária

O setor empresarial sempre defendeu a reforma tributária e não deseja perder a oportunidade de realiza-la.

Empresas competitivas exigem um sistema mais simples, transparente e voltado às condições de igualdade entre os produtos brasileiros e os competidores estrangeiros. Reformar o atual modelo tributário, eliminando a cumulatividade e adequando-o aos requisitos da competividade e eficiência produtiva, é crucial para o retorno ao crescimento, com fomento à produção e ao investimento.

O projeto de reforma tributária (PEC41) encaminhado ao Congresso Nacional, apesar dos esforços do Governo, é considerado insuficiente pelo setor produtivo e, ao que tudo indica, poderá induzir ao aumento da carga tributária.

O setor empresarial considera que a economia nacional jamais voltará a crescer a taxas expressivas, enquanto a carga tributária permanecer nos níveis atuais.

A reforma tributária deveria obedecer a quatro princípios básicos:

- Foco na competitividade e crescimento.
- Redução gradativa da elevada carga tributária.
- Simplificação do sistema.
- Isonomia tributária.

O setor empresarial deseja

- Consistente programa de redução da carga tributária a médio e longo prazo.
- Simplificação e segurança nas regras do Imposto sobre Circulação de Mercadorias e Serviços (ICMS).

- Eliminação dos tributos cumulativos, que incidem em cascata ao longo da cadeia produtiva (Contribuição para o Financiamento da Seguridade Social – COFINS, Contribuição Provisória sobre Movimentação Financeira – CPMF).
- Imunidade tributária nas exportações brasileiras.
- Tributação dos produtos importados nas exportações brasileiras.
- Desoneração dos investimentos em máquinas e equipamentos (ativo imobilizado).
- Um sistema tributário que garanta a defesa dos contribuintes e consolide os limites constitucionais ao poder de tributar.
- Desoneração gradual da intermediação financeira.

O que o Governo propôs

- A uniformização das 27 legislações estaduais do ICMS, com a criação de até 5 alíquotas nacionais.
- A garantia constitucional da não incidência do ICMS sobre exportações de bens e serviços.
- A CPMF, que é cumulativa, se transforma em tributo permanente, com alíquotas desde 0,08% até 0,38%, a serem fixadas pelo Executivo.
- A contribuição social incidirá sobre a receita ou faturamento, para substituir, total ou parcialmente, a contribuição patronal ao INSS incidente sobre a folha de pagamentos.
- Institui a progressividade nas alíquotas do Imposto Territorial Rural (ITR), do Imposto de Transmissão Intervivos de Bens Imóveis (ITBI) e do Imposto de Transmissão *Causa Mortis* (ITCM).
- Transfere a arrecadação do ITR da esfera federal para a estadual.

- O imposto sobre grandes fortunas poderá ser criado por lei ordinária.
- Permite a criação de alíquotas diferenciadas por setor na contribuição social sobre o lucro.

Posição do setor empresarial sobre a proposta do Governo

- Apóia a proposta de unificação das 27 legislações estaduais do ICMS e a criação de até 5 alíquotas nacionais, mas preocupa-se com o risco de que, no enquadramento das novas alíquotas, haja um alinhamento pelas maiores alíquotas hoje praticadas, o que acarretará aumento da carga tributária. Teme que a nova sistemática para as transações interestaduais venha a se constituir em um forte complicador para o contribuinte podendo, até mesmo, inviabilizar a sua implementação.
- Defende a eliminação da cumulatividade como um princípio básico e não como regra de exceção.
- Teme que a solução para a eliminação da cumulatividade da COFINS tenha os mesmos impactos de aumento de carga tributária que o recentemente verificado com o PIS.
- É contra a perpetuação da CPMF, sem possibilidade de compensação com outros tributos federais.
- Preocupa-se com o fato de que a proposta estabelece poderes para o Conselho de Política Fazendária (CONFAZ) que fragilizam os direitos do contribuinte e elevam as incertezas jurídicas.
- É contra a progressividade das alíquotas do ITR, do ITBI e do ITCM. A exemplo do que já ocorreu com o Imposto sobre Propriedade Predial e Territorial Urbana (IPTU), essa proposta significará mais aumento da carga tributária.

- Não há garantia de que a transferência da contribuição patronal ao INSS da folha de pagamento para o faturamento se realize sem aumento da carga tributária, principalmente para setores de capital intensivo.
- Considera da maior importância que se imponha ao Governo o limite máximo da carga tributária total em 35% do PIB, com viés de baixa, com observância da disciplina e dos princípios da Lei de Responsabilidade Fiscal.
- É contra a diferenciação setorial na imposição de tributos ou contribuições sociais.

O Setor Empresarial

Dará todo apoio a uma reforma tributária orientada para a competitividade e o crescimento. Cooperará com o Executivo e junto ao Congresso nacional para garantir os aperfeiçoamentos do projeto em discussão.

Trabalhará para que não haja elevação da carga e aumento da complexidade dos sistema tributário. Essa prática colocou o Brasil num círculo perverso: a carga tributária é alta porque a economia não cresce e a economia não cresce porque a carga tributária é alta.

AÇÃO EMPRESARIAL
CNI – CONFEDERAÇÃO NACIONAL DA INDÚSTRIA
CNC – CONFEDERAÇÃO NACIONAL DO COMÉRCIO
CNT – CONFEDERAÇÃO NACIONAL DOS TRANSPORTES
CNA – CONFEDERAÇÃO NACIONAL DA AGRICULTURA
CNF – CONFEDERAÇÃO NACIONAL DAS INSTITUIÇÕES FINANCEIRAS
CACB – CONFEDERAÇÃO DAS ASSOCIAÇÕES COMERCIAIS E EMPRESARIAIS DO BRASIL

Abrindo Caminho para o Pacto Federativo

Germano Rigoto

As reformas estruturais que estão em andamento constituem mais do que uma necessidade para que possamos modernizar o País. É uma aspiração de governantes, e que com a colaboração dos meios de informação, todos teremos consciência de que trata-se da abertura de uma porta para uma segunda etapa desse movimento, que será um grande debate em torno da necessária reforma fiscal, caminho para evoluirmos em direção a um novo pacto federativo.

É certo que esta nova fase terá de ser analisada tendo em mente que existem questões tributárias que envolvem os três entes federados. União, Estados e Municípios precisam ser objetivos dentro da idéia de se ampliar a discussão das competências de cada um, ponto de partida para que possamos analisar ações futuras dentro das áreas fiscal e tributária. Dentro dessa avaliação, lembremos que alguns avanços já estão sendo feitos com a reforma constitucional. Mesmo que não conheçamos a pleno o resultado final do debate dos projetos no Congresso Nacional, temos de observar com clareza a disposição do presidente Luiz Inácio Lula da Silva em, realmente, concretizar o processo de reformas. A racionalização e a simplificação do sistema é, e precisam continuar sendo, as diretrizes básicas dessa reforma tributária. Agora, no

Germano Rigoto – Governador do Estado do Rio Grande do Sul.

segundo momento, temos de analisar a questão pelo prisma das competências e atribuições de cada ente federativo nas áreas fiscal e tributária.

Não podemos deixar de lado o entendimento de que, dificilmente, os Estados abririam mão de cobrar o ICMS, um imposto estadual, para que tenhamos apenas o Imposto sobre Valor Agregado (IVA), cobrado pela União e partilhado com Estados e Municípios. Mas como fazer isso? Esse IVA recairia sobre consumo seria administrado pelo governo federal. Imaginarmos que os Estados perderiam esse imposto sobre consumo que é o ICMS para, embora em uma distribuição automática, para dar espaço a esse tributo federal. Da mesma forma, convencer os Municípios de que o Imposto sobre Serviços (ISS) deveria ser deixado de lado seria algo complicado. Isso, pela simples idéia de que, com esse posicionamento, os Estados e Municípios estariam, na verdade, abdicando de suas competências na área tributária.

Nesse quadro atual da Federação, mais do que simplesmente analisarmos com quem fica a competência de cobrar este ou aquele imposto, precisamos é definir que fatia da arrecadação total fica com cada uma dessas unidades federadas. Além do mais, essa discussão têm de evoluir para esclarecer de forma geral quais serão as competências da União, Estados e Municípios. Esse aspecto, em nenhum momento, estará sendo tratado dentro da reforma tributária. E mais, nem de longe está definindo como serão financiadas as competências de cada ente.

Numa avaliação pessoal, diria que o caminho mais eficiente para processarmos um debate que realmente tenha efeito, deveríamos associar a discussão da proposta de reforma tributária à do pacto federativo. Seria nessa grande mesa que poderíamos estabelecer, efetivamente, as competências e atribuições que cada ente federado realmente possuiria. Essa definição serviria de argumento para avançarmos no sentido de garantir a exata compreensão do que cada ente deveria e poderia realmente realizar.

Claro, trata-se de um pensamento sobre o que seria ideal fazer nesta discussão tributária. A reforma fiscal seria, sim, a maior necessidade de se concretizar conjuntamente com a reforma tributária. É preciso se ter em mente não só quais seriam os tributos existentes, mas também a competência de cobrança, seus critérios e formas. Essa reforma daria mais clareza ao sistema tributário nacional.

É certo que a situação é polêmica. Dificilmente os Estados e Municípios abririam mão do preceito legal de realizar a cobrança do ICMS e do Imposto sobre Serviços (ISS), respectivamente, em prol da simples criação de um tributo sobre consumo, como o Imposto sobre Valor Agregado (IVA), que tivesse centralizada no governo federal sua arrecadação. Ambos perderiam suas competências nesse caso. Mesmo que o compartilhamento dos recursos e sua distribuição fossem feitos de forma direta pela União, poderia dar margem a um processo em que o passeio do dinheiro entre os entes federativos trouxesse desperdício, burocracia e perda de recursos, principalmente com os custos financeiros das operações de repasse.

Existe uma história de imposto de circulação de mercados, de valor agregado nos Estados. Mesmo com a partilha automática, dificilmente os Estados seriam convencidos, como os Municípios, de abrir mão dos seus principais tributos. Mais do que na estrutura do sistema, a reforma poderia trazer uma definição clara de qual a fatia da arrecadação total ficaria com cada ente da Federação. O que ficaria com a União, Estados e Municípios.

Essa grande reforma fiscal está, ao menos, sendo facilitada com a discussão atual para a consolidação da reforma tributária. É um primeiro passo dado em direção a um processo claro, que evite que os entes federados acabem, muitas vezes, realizando ações duplicadas. Para fazermos essa idéia prosperar, temos ainda um caminho a ser percorrido. Muita negociação e debates deverão ser concretizados até chegarmos a uma redefinição do pacto federativo.

Racionalização e Simplificação

Como então presidente da Comissão de Reforma Tributária, na Câmara dos Deputados, trabalhei junto aos colegas parlamentares para que pudéssemos ter um projeto que representasse as reais necessidades de mudanças no sistema atual, pesado e cada vez menos eficiente. Durante mais de um ano, trabalhamos incessantemente para construirmos uma proposta que alcançasse não apenas aquilo que os deputados da comissão acreditavam ser o necessário, mas uma idéia do que a sociedade brasileira gostaria de ver aprovado nesta área.

Infelizmente, o trabalho acabou sendo atropelado pela decisão do governo federal, principalmente da equipe econômica, que decidiu manter sua conduta fiscalista, pensando apenas na arrecadação crescente. Hoje, podemos confirmar uma determinação clara do presidente Luiz Inácio Lula da Silva em enfrentar a questão de maneira aberta, transparente. Para tanto, não está medindo o retorno negativo, o desgaste político frente a algumas corporações, muitas delas participantes ativas da base de apoio ao seu partido.

Naquele momento, a Comissão da Reforma Tributária definia um projeto que, além do alcance político, era revestido do imprescindível coeficiente social. Pensando em melhorias, posso lembrar, por exemplo, a possibilidade de desonerar a folha de pagamento das empresas, como forma de promover a geração de novos postos de emprego. Tal situação, infelizmente, não chegou a ser analisada pelo plenário, uma vez que o recuo do governo da União prejudicou um debate que tinha tudo para avançar.

O empenho maior foi pela simplificação desse sistema, um emaranhado de leis que ainda tinha de passar pela adequação das legislações estaduais. A redução dos números alarmantes de evasão fiscal e o crescimento da informalidade eram, e ainda são, problemas com os quais os governos e, principalmente, a população, embora muitas vezes sem saber, enfrentam no dia-a-dia das relações. Desonerar a produção e as exportações era objetivo, e permanece como meta na atual reforma tributária. Sua maior necessidade vem do fato de que além do encarecimento de produtos de alto consumo, como os da cesta básica, ainda perdemos nossa competitividade nos mercados internacionais. Nossa economia sofre com esses entraves tributários.

Essa perspectiva de simplificação, além de dar maior transparência ao processo, também busca a justiça fiscal. Precisamos trabalhar pelo desenvolvimento e, para tanto, devemos organizar nosso sistema para que amplie a base de contribuição, reduza a carga sobre aqueles que pagam muito e evite, ao máximo, a sonegação e a elisão fiscal. Detectar as pequenas falhas, buscar a real redução da carga tributária são compromissos que devemos, como cidadãos e seres políticos, trabalhar para sua concretização.

Outra evolução que precisamos realizar está no que diz respeito à denominada guerra fiscal. Mais do que a simples reação contra as políticas de incentivos fiscais, a tradução de uma nova forma de promover investimentos com apoio dos Estados e Municípios deve ser consolidada. Necessário, sim, é definirmos mecanismos que impeçam a preocupante batalha, sem regras e escrúpulos, que a dança das taxas de isenção permitem se proliferar no País. Estados usando absurdas manobras para abrirem novos setores econômicos, inexistentes em suas plataformas operacionais, impedindo seu desenvolvimento maior em locais onde já estão estabelecidos.

A Reforma Atual

Muitos são os que estão debatendo a atual reforma tributária sobre o prisma único da arrecadação. Além disso, buscam atirar sobre os ombros de governadores uma possível "pressão exacerbada" pela definição de dispositivos que sejam, realmente, formas de se equilibrar a balança fiscal entre os entes federados. Avançamos, por enquanto, na questão do estabelecimento de um fundo de compensação que reponha as perdas que os Estados acumulam com a desoneração das exportações, dispositivo que contribui para aumentar nossa competitividade e realimentar a cadeia exportadora nos Estados e no País. O certo é que aqueles Estados exportadores, como o próprio Rio Grande do Sul, não podem pagar pelo seu esforço exportador.

Da mesma forma, a proposta que estará sendo votada pelo Congresso também traz uma mudança importante na questão do ICMS único, com apenas cinco alíquotas, e não mais a verdadeira doidice que ocorre, atualmente, em que são 27 legislações do imposto. Vamos poder reduzir a carga sobre aqueles produtos mais necessários para a população de menor poder aquisitivo, e que tem de pagar, sem ter como deixar de recolher.

O próximo passo, a ser discutido na parte infra-constitucional, e que diz respeito ao ICMS deverá ser o modelo de cobrança, que defendo, passe da origem para o destino, adotando um critério de transição. Dessa forma, poderemos dar um melhor equilíbrio entre os Estados que são produtores e aqueles que, pela sua estrutura, são importadores naturais.

O certo é que o governo federal precisa demonstrar que não está com a mesma preocupação monetarista que acabou solapando a tentativa de implementação da reforma tributária durante a gestão anterior. Mais do que a pura simplificação, é necessária uma reformulação das relações fiscais com os demais entes federados para que, juntos, possamos reativar a nossa economia, derrubar a sonegação, reduzir a informalidade e ampliar a base contributiva. Mais do que um dever, trata-se de uma questão de honra para o governo federal. Da parte dos governos estaduais, a União teve a prova de que conta com respaldo nas suas ações. Agora, deve demonstrar sua compreensão e discutir formas de equilibrar a balança.

A Federação no contexto da Reforma Tributária

Sérgio Miranda

A Reforma Tributária que tramita no Congresso Nacional não confere à Federação a atenção devida – esse ponto fundamental da pauta nacional tem ficado sistematicamente obscurecido.

A Federação brasileira não resultou da união dos Estados soberanos em um Estado Federal como ocorreu nos Estados Unidos da America do Norte. Aqui, antes de proclamada a República, já éramos províncias sem nenhuma autonomia político-administrativa.

A Federação também não surgiu voluntária de entes independentes, mas nasceu de cima, a partir de uma unidade nacional já existente no momento da proclamação de nossa República. Dessa maneira, o poder da União – por meio de investimentos públicos das suas estatais, verbas orçamentárias, grandes projetos nacionais que propiciavam algumas satisfações de interesses localizados – tornou-se o principal elemento da construção e consolidação federativa do País.

Essa participação preponderante de um dos entes federativos na consolidação da Federação provocou distorções históricas e pode ser uma das causas de nossas enormes desigualdades regionais. Diante da correlação desigual entre a União e os Estados, a

Sérgio Miranda, em seu 4º mandato federal, pelo PC do B de Minas Gerais, atua principalmente junto à Comissão de Orçamento. É um dos Deputados mais atuantes da Câmara, de acordo com avaliação do Instituto Brasileiro de Estudos Políticos.

Federação não pôde então se impor como um instrumento da eqüidade na repartição de recursos.

A tradição republicana e constitucional consagrou a Federação brasileira, mas a repartição das competências entre os entes federativos e o estabelecimento de suas fronteiras legislativas nunca foi ponto pacífico.

Na história do Brasil já se identificou um movimento pendular de sístole e diástole na vida política nacional: períodos de autoritarismo alternados por outros mais democráticos. O reflexo do impacto na esfera tributária e na vida da Federação também leva à constatação da existência de períodos de mais centralização, quando o centro de decisões se retrai e permanece focado na União, e outros de maior descentralização, quando se alarga o espectro decisório e Estados e Municípios passam a ter poder e capacidade de definir temas relevantes nas áreas tributárias e econômicas.

As fases mais marcantes desse centralismo no período republicano são o Estado Novo e o regime militar. A marca dessa centralização legou ao País grandes repercussões nas questões tributárias, além de graves distorções no federalismo. Períodos de descentralização podem ser identificados na República Velha, no pós Segunda Guerra até 1964, e mesmo no período recente, depois da Constituição de 1988.

Este último qüindênio do século anterior é muito sintomático desse dualismo registrado em nossa história, pois comporta movimentos profundamente radicais nos dois sentidos. Distinguimos os anos entre 1988 e 1994, sob a égide da Constituição de 1988, como uma significativa fase de descentralização.

Mas é a partir de 1994, particularmente com o governo de Fernando Henrique Cardoso, que iniciamos um novo período de centralização, talvez o mais explícito e exacerbado de nossa história.

Centralização x Descentralização

Nesse contexto, surge a Reforma Tributária do Presidente Luiz Inácio Lula da Silva. A expectativa gerada na eleição do oposicionista de origem popular, que viajou o País em caravanas para melhor conhecer as urgências sociais e lacunas nas políticas públicas, era de que no centro de sua política estariam medidas descentralizadoras – forma eficaz e indispensável para combater as enormes desigualdades que vigoram entre as diversas regiões do Brasil. Assim, o novo governo se postaria na contramão do anterior, e retomaria, aprofundando, a diástole deflagrada no processo constituinte.

Mas Luiz Inácio Lula da Silva, ao contrário, tem formulado exatamente o aprofundamento e a radicalização dos princípios centralizadores que conduziram os oito anos de Fernando Henrique à frente do governo federal. A sístole se prolonga. A lógica fiscalista reduz direitos coletivos, transferindo aos Estados e Municípios responsabilidades sociais, sem a contrapartida dos instrumentos necessários para a definição das políticas necessárias e indispensáveis à sua execução. Mais ainda, a reforma de Lula retira definitivamente dos demais entes federados, e concentra na União, toda a capacidade de influenciar na gestão econômica.

Quando reafirma a política econômica anterior de priorizar a ação do Estado na assunção de compromissos financeiros com seus grandes credores em detrimento da manutenção de direitos sociais universais, o governo Lula indica os limites e os contornos de sua reforma tributária. Ao dar continuidade a esse modelo econômico, o governo assume as causas que levaram FHC a atuar na contramão da rota de descentralização deflagrada pela Constituição de 1988, tornando-se, ele mesmo, mais um artífice desse retrocesso.

Assim, a primeira limitação da reforma de Lula evidencia-se, segundo seus próprios parâmetros, na impossibilidade de se alterar o tênue equilíbrio entre as três esferas de governo. Não pode perder receitas para que se cumpra as metas de superávit e também não lhe é permitido sacrificar mais os outros entes federados. O novo governo passa a ser gestor da crise fiscal que afeta tanto os Municípios e os Estados, quanto a própria União, que se arrasta desde a crise da dívida de 1982.

Não é por outro motivo que Lula convocou os governadores para, na *Carta de Brasília*, consolidar um acordo prévio sobre a reforma. A obrigação de manter a carga tributária atual, não alterando a sua distribuição entre as três esferas, criou uma camisa-de-força que levou o governo a escolher uma entre duas opções: reforma limitada ou reforma nenhuma. O governo Lula escolheu a primeira.

Ao optar pela política de um Estado Nacional mais enxuto e, principalmente, voltado para cumprir primordialmente sua obrigação financeira, o descontentamento se aprofunda e há uma ameaça muito grave à permanência da Federação brasileira. Particularmente porque não interfere na grave distorção, em que a União concentra a maior parte das receitas tributárias.

A tabela a seguir é bastante significativa de como a voracidade arrecadatória da União elevou a carga tributária nacional de 29,8% do Produto Interno Bruto (PIB) em 1995 para 36,4% do PIB em 2002. Enquanto Estados e Municípios permanecem com mais ou menos os mesmos percentuais, a União catapulta sua participação de 16,77% do PIB em 1995 para 23% da economia em 2002.

A Reforma Tributária em vigor mantém esse lógica perversa.

Receita Líquida de Transferências frente ao PIB*

	1995	1996	1997	1998	1999	2000	2001	2002
União	**16,77**	**16,27**	**16,62**	**17,61**	**19,32**	**19,87**	**21,0**	**22,0**
Estados	8,18	8,00	7,72	7,44	7,94	8,34	9,00	9,00
Municípios	4,81	4,71	4,69	4,69	4,88	4,97	5,00	5,00
Total	29,8	29,0	29,0	29,7	32,1	33,2	35,0	36,0

Fonte: SRF - * **Receita acrescida e deduzida das transferências constitucionais.**

A Constituição de 1988

A discussão centralização *versus* descentralização antecedeu às mudanças democráticas que se seguiram ao fim da ditadura militar. Nesse período, uma grande polêmica registrada pelo Congresso Nacional girou em torno da emenda Passos Porto, que procurava fazer uma nova divisão tributária.

A Constituição de 1988 elevou todos os Estados, o Distrito Federal e os Municípios a parcelas integrantes e ativas da Federação, conferindo-lhes mais autonomia, assim definida em seu artigo 18: "a organização político-administrativa da República Federativa do Brasil compreende a União, os Estados, o Distrito Federal e os Municípios, todos autônomos, nos termos desta Constituição".

É talvez o primeiro momento da história em que o conceito da Federação se impõe de forma decisiva na Constituição que recebeu a alcunha de *cidadã*. A tônica do texto constitucional foi a valorização da distribuição de recursos tributários aos Estados, Distrito Federal e Municípios. Como, por exemplo, foi o que aconteceu com a distribuição do Imposto de Renda e do IPI por meio dos FPM, FPE e os fundos constitucionais regionais.

O arrocho de FHC em Estados e Municípios

A Reforma Tributária do governo Lula apenas dá seqüência ao novo processo que teve início a partir de 1994, quando passamos a assistir ao enorme esvaziamento das competências dos Estados e Municípios. Muitas mudanças foram procedidas para viabilizar o controle centralizador da União sobre o grosso das receitas. O objetivo único e central é garantir recursos para o Estado Nacional cumprir seus compromissos de superávit fiscal assumidos junto ao grande capital financeiro. A principal conseqüência dessa ação centralizadora é retirar dos governos subnacionais a capacidade de influenciar a atividade econômica. Ao longo dos oito anos do governo anterior, diversas medidas foram implementadas para efetivar essa realidade.

Bancos Estaduais

Os bancos estaduais foram privatizados por intervenção direta do governo FHC. Embora os editais de privatização tenham sido de responsabilidade dos governos estaduais, foi o Banco Central que encaminhou toda a negociação e preparou, caso a caso, o melhor modelo de saneamento dos bancos estaduais. Mesmo depois da venda, o mesmo BC foi o responsável pela autorização do funcionamento da nova instituição.

Pelas exigências da gestão FHC, os governos estaduais deveriam privatizar, extinguir ou transformar os bancos estaduais em agências de fomento. O Banco Mundial, desde novembro de 1988, exigia como contrapartida de um empréstimo "a reestruturação do sistema bancário estadual mediante a liquidação ou a privatização dos bancos estaduais".

Para que o processo de privatização não fosse interrompido, o Banco Central incluiu nos contratos de auxílio financeiro aos governos estaduais dispositivo que entregava, caso o banco estadual não fosse privatizado até determinada data, automaticamente seu controle para o governo federal. Este, então, se incumbia de privatizá-lo.

Hoje, existem quatro bancos estaduais federalizados: Banco do Estado de Santa Catarina (Besc), do Banco do Estado do Maranhão (BEM), do Banco do Estado do Piauí (BEP) e do Banco do Estado do Ceará (BEC), que serão privatizados no governo Lula.

O ministro da Fazenda, Antônio Palocci Filho, decidiu reativar o processo de privatização desses quatro bancos federalizados – interrompido, no final do governo passado, por decisões judiciais e pelo apelo de governadores eleitos, que não queriam deixar de contar com as instituições financeiras de seus Estados.

O secretário-executivo do Ministério da Fazenda, Bernard Appy, já instruiu o diretor de finanças públicas e regimes especiais do Banco Central (BC), Carlos Eduardo de Freitas, para dar seguimento aos atos necessários a tais privatizações. O governo não pretende, porém, colocar nenhum dinheiro novo nesses bancos, além dos desembolsos já previstos no âmbito do Programa de Estímulo à Redução da Participação do Setor Público Estadual na Atividade Bancária (Proes).

O argumento para privatizar os bancos estaduais se apoiava na acusação de que tinham uso político pelos governadores, o que acabava por quebrá-los. Mas, com a União não ocorre a mesma coisa? Quantas vezes a União teve de recorrer a transferências de recursos para o Banco do Brasil e para a Caixa Econômica Federal? Nem por isso deve-se simplesmente liquidar esses bancos da União.

Renegociação das dívidas dos Estados

Pelo artigo 5º da Emenda Constitucional nº 3/93 (EC 3/93) os Estados e Municípios estavam proibidos de emitir de títulos estaduais e municipais até 31 de dezembro de 1999, perdendo, assim, uma importante fonte de financiamento. Na prática, entretanto, os acordos de refinanciamento de dívida com o governo federal impediam essas emissões por períodos maiores.

A privatização dos bancos estaduais e a eliminação do poder de emissão de títulos formam os lados de uma mesma moeda de arrocho contra a autonomia do Estados.

Premidos pelo governo FHC e seus juros elevados, os Estados foram instados à renegociação de suas dívidas. Atribui-se a sua realização à necessidade de salvar os Estados – versão aceita como inquestionável. O maior engodo! Na verdade, foi feita para proteger (livrar da ruína) os investidores que dispunham de títulos estaduais extremamente desvalorizados. É evidente que alguns Estados não estavam conseguindo honrar o pagamento de seus títulos, como, por exemplo, no caso de Alagoas. O que foi feito? Trocaram os títulos desvalorizados dos Estados por outros valorizados da União, considerando seu valor de face. Assim os investidores privados, que detinham esses títulos e correram os riscos de mercado ao negociar com os Estados, foram não somente poupados de seu prejuízo como agraciados com títulos de liquidez muito maior.

Lei de Responsabilidade Fiscal

A Lei de Responsabilidade Fiscal (LRF) apresenta enormes restrições e configura mais um exemplo de como a desculpa de combate à corrupção encobre vários interesses. A Lei de Responsabilidade Fiscal é outro dos grandes engodos dos anos FHC, pois não trata de corrupção como foi alardeado à sociedade. Em sua própria apresentação, está escrito que a LRF é um instrumento para manter estável a relação dívida/PIB. Uma eficaz medida de ajuste fiscal negociada com o FMI exatamente sob essa perspectiva. É uma lei de finanças públicas, que tem como objetivo a restrição dos gastos e ações dos Estados e Municípios, concentrando mais poder ainda na União. Não é por outra razão que, enquanto prefeitos e governadores estão ameaçados até com penas de prisão, o presidente do Banco Central pode cometer a pior das barbaridades monetárias, que mesmo legando prejuízos gigantescos ao Brasil, nenhuma ameaça penal o atingirá.

Outras restrições aos Estados e Municípios

O Imposto Sobre Serviços (ISS) é caracteristicamente municipal. Sob o argumento de evitar a chamada guerra fiscal entre Municípios, a União votou uma lei definindo suas alíquotas mínimas, restringindo assim o poder de tributação dos Municípios.

Outra fonte de repressão ao poder de Estados e Municípios pode ser identificada na revisão das regras para o ICMS, por meio da chamada Lei Kandir. Em conjunto, desenvolveu-se uma enorme campanha de proibição de incentivos fiscais pelos Estados e Municípios, que perderam o direito a fazer concessões fiscais. A União, por sua vez, mantém-se plenamente no uso dessa prerrogativa.

Tivemos nestes últimos anos um aumento impressionante da carga tributária: cerca de 7% do PIB, passando de 29,8% do PIB em 1995 para 36% em 2002. Isso ocorreu com o beneplácito de todas as entidades patronais – as mesmas que agora insurgem com veemência contra a reforma de Lula. Os representantes da grande indústria protestaram, mas finalmente deram aval político a esse aumento da carga tributária votando a seu favor.

O mais grave é que esse aumento se deu da pior forma, com o crescimento das alíquotas das contribuições sociais criadas pela Constituição. Essas contribuições sociais são vinculadas ao orçamento da seguridade social, como o caso da Contribuição para Financiamento da Seguridade Social (Cofins), da Contribuição Social Sobre o Lucro Líquido (CSLL), do Programa de Integração Social (PIS), do Seguro Desemprego, do Fundo de Amparo ao Trabalhador (FAT), dentre outros.

Como é possível aumentar a arrecadação sem que haja reflexo na condição social do brasileiro? É que o governo FHC aumentou as contribuições e, ao mesmo tempo, criou instrumentos de desvinculação do uso desses recursos, como o Fundo Social de Emergência (FSE), o Fundo de Estabilização Fiscal (FEF) e a Desvinculação de Recursos da União (DRU).

Os dados são impressionantes. O crescimento de cerca de 7% da carga tributária foi basicamente direcionado para a União, pois se deu por meio de tributos cumulativos, de difícil desoneração, particularmente as contribuições. Em 1991, os impostos representavam 9,3% do PIB e as contribuições sociais 9,2% do PIB. Em 2002 os impostos representavam 6,8% do PIB e as contribuições já haviam passado para 13,1% do PIB.

Evolução das Receitas de Impostos e Contribuições Sociais em relação ao PIB

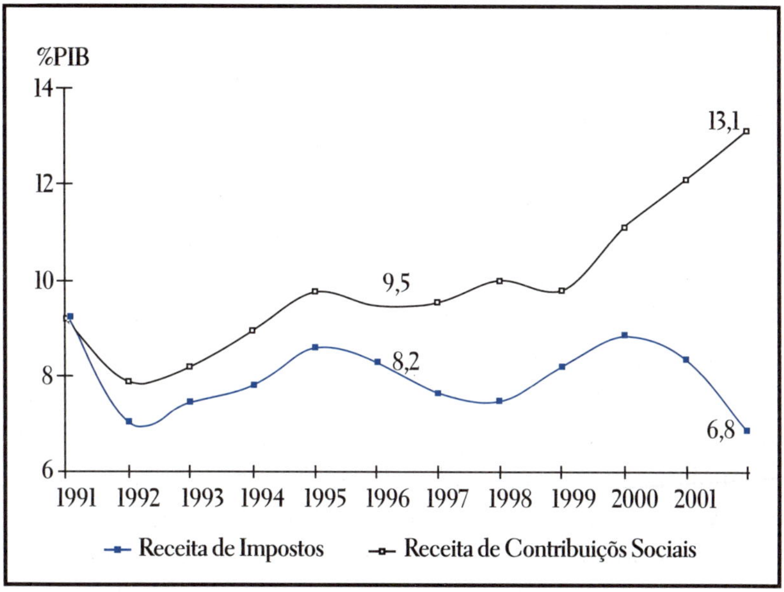

O aumento da carga se dá basicamente com o incremento das contribuições. Por que a preferência do governo FHC pelas contribuições? A resposta é aritmética: simplesmente porque a contribuição não é repartida entre Estados e Municípios, ficando apenas nas mãos da União.

A degradação do sistema tributário nacional não se caracteriza somente por esse aumento absurdo de contribuições, mas também pelo incremento nas taxas, que são tributos que o cidadão paga pela prestação de um serviço. O valor da taxa deveria restringir-se exatamente ao custo do serviço que está sendo requisitado. Por exemplo, ao se tirar um passaporte, o pagamento deveria ser equivalente ao custo de sua emissão. Mas no Brasil, hoje, a cobrança de taxas é um dos mais importantes e eficazes instrumentos de ajuste fiscal.

Um bom exemplo dessa situação são as agências ditas reguladoras, que foram criadas com a expectativa de serem auto-sustentáveis, com autonomia financeira e sobrevivendo às custas da cobrança de taxas, que no caso recebem o nome de Contribuição de Intervenção no Domínio Econômico (Cide). A Anatel recebe as taxas do Fundo de Fiscalização das Telecomunicações (Fistel) para realizar a fiscalização dos serviços de telecomunicação e radiodifusão. Hoje, a Agência arrecada cerca de R$ 1,1 bilhão com essas taxas, mas os gastos da Anatel não passam de R$ 250 milhões. A diferença entre o coletado e o utilizado vai para a conta única do Tesouro contribuindo para fazer caixa para o ajuste fiscal. O exemplo pode ser empregado a todas as agências reguladoras.

Mesmo o debate sobre concentração e descentralização deve ser relativizado, pois se há uma grande transferência de atribuições nas questões sociais, desconcentração, para Estados e Municípios, continua muito centralizada a definição de políticas. Um bom exemplo é o Programa de Saúde da Família (PSF) – uma importante iniciativa na área de saúde e que tem suas políticas e regras determinadas pela União.

Outro exemplo da hipocrisia tributária nacional é a distribuição de recursos do Fundo de Manutenção e Desenvolvimento do Ensino Fundamental e de Valorização do Magistério (Fundef). Na verdade, uma caridade feita com o chapéu alheio, pois se determina uma nova atribuição para os recursos próprios dos Estados e Municípios. O governo federal, no entanto, recorre a certos artifícios para não repassar os recursos complementares referentes à União. No governo anterior e no atual a prática tem sido a mesma. Há uma descentralização do ponto de vista da aplicação de políticas sociais e uma centralização na determinação do conteúdo dessas políticas.

Na área da saúde a postura da União não difere daquela assumida no item educação – se transfere cada vez mais responsabilidades por essas políticas, isentando a União. Pela EC 109, os Estados e Municípios são obrigados a gastar um percentual da arrecadação com a saúde, até 2004, de, respectivamente, 12% e 15%. A União, porém, eximiu-se de fixar um percentual do seu orçamento para gastar com a saúde. O máximo que se conseguiu foi definir uma relação de equilíbrio com o ano anterior, visando manter um nível constante de gastos em proporção ao PIB.

Mesmo assim, durante o governo FHC, o ministro da Fazenda, Pedro Malan, conseguiu parecer da Advocacia Geral da União para, numa manobra de interpretação do texto legal, se retirasse dinheiro da saúde, deixando-o disponível para o superávit.

A história desses últimos anos pode ser resumida como a da centralização da arrecadação tributária, da imposição de políticas nacionais, da restrição aos gastos nos Estados e Municípios, por meio de regras rígidas e inflexíveis.

Essa política deliberada de garrote sobre os gastos sociais nos levou a contradições insuperáveis. Hoje os Municípios são os grandes responsáveis pela implantação das políticas de saúde e educação. Basicamente, a política se resume à contratação de professores, orientadores pedagógicos e outros profissionais da área. A Lei de Responsabilidade Fiscal impõe, porém, diversas restrições para gastos com pessoal. O prefeito fica entre a cruz e a espada, devendo escolher entre cumprir as responsabilidades sociais transferidas ao Município ou desrespeitar a LRF, correndo até mesmo o risco de ser condenado e preso.

A Reforma Tributária

A proposta de Reforma Tributária mantém esse viés centralizador aprofundando assim a perversidade dos últimos anos na relação entre a União, Estados e Municípios.

Os Estados e Municípios perdem definitivamente sua capacidade de interferir na atividade econômica. A Reforma Tributária realiza, dessa maneira, um sonho que o governo de Fernando Henrique acalentou e tentou materializar, mas não teve condições políticas de fazê-lo.

As três medidas centrais da reforma são:

1. Centralização das regras do ICMS;
2. Prorrogação da Desvinculação das Receitas da União;
3. Prorrogação da CPMF, que perde seu caráter transitório e passa a ser um imposto definitivo.

É assim que a reforma avança na centralização, no mesmo rumo daquela executada pelo governo anterior, e alcança mais uma pérfida inovação: apesar das limitações que levaram a uma reforma tímida como dito anteriormente, sua aprovação representará o início de uma importante mudança no financiamento do Estado brasileiro e um fortalecimento político da União no contexto da Federação.

O caráter permanente da CPMF garante ao governo uma liberdade maior, pois não terá que recorrer periodicamente, como FHC viu-se obrigado, ao Congresso para negociar a manutenção dessa importante fonte de recursos para sua política de superávites.

A Reforma Tributária tem na Reforma da Previdência uma providencial aliada e uma parceira inseparável. Se a primeira busca assegurar as receitas e evitar que Estados e Municípios interfiram na política econômica, a segunda atua no campo das despesas, reduzindo-as, e colaborando para a liberdade do Estado Nacional na consecução de seus compromissos com o grande capital. Reduz gastos da União, dos Estados e Municípios e ainda entrega parcela importante da renda dos servidores públicos ao setor privado dos fundos de pensão.

A Reforma Tributária do Governo Lula

Mário Tinoco da Silva

Quais deveriam ser os objetivos da Reforma Tributária a ser promovida pelo Governo Lula?

Em primeiro lugar deve-se ter em conta o sistema tributário herdado do governo anterior. FHC promoveu reforma dissimulada, por meio de emendas constitucionais isoladas e mudanças profundas na legislação infra-constitucional, que elevou a carga tributária de 25,8% do PIB, em 1993, para 35,9%, em 2002.

Esse aumento da carga tributária não se traduziu em um aumento do tamanho do Estado. Ao contrário, esse se reduziu, se analisado do ponto de vista de sua presença nas atividades econômicas, através de empresas estatais. Ademais, os investimentos em expansão e manutenção da infra-estrutura foram reduzidos e os serviços prestados à população se deterioraram, em termos de qualidade.

O referido aumento se destinou ao pagamento do serviço da dívida pública, concentrando ainda mais a renda no País. Recursos adicionais foram drenados do setor produtivo e dos assalariados em favor dos rentistas e dos intermediários financeiros. A incidência

Mário Tinoco da Silva é Secretário Estadual de Finanças do Rio de Janeiro.

tributária sobre os assalariados, considerando as incidências sobre o consumo e a renda, ultrapassaram 40% para todas as faixas salariais.

Esse processo foi perverso também um termos dos impactos sobre a economia e sobre a distribuição dos recursos entre as esferas de governo.

Para promover essa escalada tributária, sem precisar reparti-la com os Estados e Municípios, o Governo Federal preferiu elevar as contribuições sociais e econômicas, que são mais fáceis de arrecadar e não compõem a base de transferência dos Fundos da Participação. Porém, como são cobrados em cascata, elas geram enormes distorções sobre a cadeia produtiva, comprometendo a competitividade dos setores exploradores e daqueles que são mais sujeitos à concorrência externa.

Na verdade, a indústria brasileira foi exposta a uma concorrência desigual e crescente com o mercado internacional, a partir de uma rápida redução das tarifas alfandegárias, numa situação desvantajosa, não só pela elevada e irracional carga tributária, em que as contribuições cobradas em cascata incidem desde a produção de todos os insumos que compõem o produto final, enquanto nos produtos finais importados elas só incidem uma única vez, como também por estar submetida as maiores taxas de juros do mundo e a uma política cambial que, durante quatro anos, manteve a moeda nacional artificialmente sobre-valorizada.

O IPI e Imposto de Renda, impostos que formam a base de cálculos dos Fundos de Participação dos Estado e dos Municípios, foram utilizados como instrumentos de políticas de incentivos fiscais e como compensação para o aumento das contribuições sociais. Como resultado, a soma da arrecadação daqueles dois tributos, que representava 51,7% da receita administrada pela Secretaria da Receita Federal em 1995, passou a responder, em

2002, por apenas 45,5% desse total. Por outro lado, foi criado a Contribuição Social sobre o Lucro Líquido, as alíquotas da COFINS foram aumentadas, foi criada a CPMF e suas alíquotas majoradas, o governo passou a cobrar a CIDE petróleo, etc.

Como resultado dessa mudança de composição da carga tributária federal, a participação da União na receita disponível de tributos contribuições elevou-se de 56,3%, em 1995, para 60,4%, em 2002. Em contra partida, as participações dos Estados e Municípios caíram de 27,5% para 24,8% de 16,2% para 14,8%, no mesmo período, respectivamente.

Desse modo, a reforma tributária que o País precisa deveria objetivar eliminar as incidências em cascata, evitando as distorções apontadas sobre a atividade econômica e desonerando exportações e investimentos; elevar a progressividade do sistema, reduzindo a carga sobre os assalariados; e ampliar a capacidade de investir em infra-estrutura e nas áreas sociais dos Estados e Municípios, evitando, entretanto, que essas mudanças provocassem a elevação do nível global da carga tributária.

O projeto encaminhado ao Congresso Nacional pelo Governo Federal não enfrenta esses problemas centrais. Ao contrário, tem dois objetivos ligados à estratégia da política fiscal de promover a elevação de resultado primário: tornar a CPMF permanente e manter a desvinculação de parte dos recursos tributários. Ademais procura federalizar a legislação do ICMS, com vistas a facilitar a integração do País aos blocos de comercio internacional, e eliminar a guerra fiscal.

Desse modo, o que se poderia chamar de reforma se restringe ao ICMS, tomando o Governo Federal emprestado projeto de inspiração dos "tucanos" paulistas e mineiros. Não enfrenta a questão central do ICMS, que consiste na cobrança partilhada desse imputo imposto entre Estados produtores e consumidores, quando na verdade sua arrecadação deveria se destinar inteiramente aos Estados consumidores.

O projeto do governo federal não altera a atual sistemática de origem e destino do ICMS, prevendo um período de transição ou a criação de um Fundo de Compensação para os Estados que perdessem receita com essas mudanças.

É curioso que as única exceções ao sistema atual de partilha do ICMS são o petróleo e seus derivados e a energia elétrica, cujas arrecadações ficam integralmente nos Estados consumidores, prejudicando principalmente os Estados do Rio de Janeiro, Paraná, Rio Grande do Norte, Sergipe e Bahia. Essa falta de isonomia do petróleo e da energia elétrica com os demais produtos é injustificável, mas a PEC 41/03 também passa a largo dessa questão.

As demais inovações previstas na PEC 41/03 não deverão introduzir grandes mudanças no sistema tributário. A cobrança do imposto sobre grandes fortunas e a progressividade dos impostos de transmissão *causa mortis* e intervivos deverão depender da futura e edição de Lei complementar.

Em relação ao ITR, é conveniente lembrar que embora a arrecadação e a fiscalização do ITR passem para os Estados e o DF, a legislação continuaria federal. Se este governo nunca forçou a mão com essa legislação quando ficava com o produto dessa arrecadação, não deverá ser a partir de agora que mudará de estratégia. Essa mudança de competência do ITR é, na verdade, um "presente de grego" para os Estados, pois na maioria dos casos o custo elevado de administração do tributo deverá superar a receita arrecadada.

O resultado da reforma tributária deverá ser o de elevação da carga tributária, em função do aumento das alíquotas médias do ICMS e das contribuições sociais que deverá resultar da sua implementação. Em conjunto com a Reforma Previdênciária, ela deverá provocar um alívio fiscal, principalmente para o Governo Federal.

Pelos relatórios parciais apresentados pelo Relator da Reforma Tributária, é de se prever que o projeto encaminhado pelo Governo Federal não seja modificado de maneira significativa. A fragilidade que a base governistas na Câmara apresentou na votação da Reforma Previdênciária, entretanto, evidencia que o Governo Federal precisará negociar com alguns governadores do PSDB e do PLF, como os de São Paulo, Minas Gerais e Bahia. A partir disto, é provável que sejam incorporadas algumas mudanças favoráveis aos Estados, mas que não devam alterar a estrutura da sistemática proposta. Elas deverão se restringir ao aumento do valor destinado pelo Governo federal às compensações aos Estado e ao DF pela perda de arrecadação de ICMS com a desoneração dos produtos primários e semi-elaborados e à participação dos Estados e do DF no produto da arrecadação do CPMF e do CIDE-petróleo.

Deve-se ter presente, entretanto, que se estará perdendo uma grande oportunidade para modernizar, simplificar e tornar mais justo o sistema tributário brasileiro.

Além disto, deve ficar claro que mesmo que o alívio fiscal temporário derivado das reformas tributária e previdenciária permita a redução das taxas de juros e a conseqüente retomada do crescimento econômico, é preocupante que esta retomada tenha fôlego curto, porque, após a utilização da capacidade ociosa hoje existente, a continuidade do crescimento poderá esbarrar na falta de investimentos de infra-estrutura, principalmente em transporte e energia. Dificilmente estes investimentos serão financiados pela poupança externa, num contexto de recessão internacional e de desconfiança na América do Sul, tendo em vista as recentes perdas dos capitais internacionais em seus investimentos no Brasil e na Argentina. A poupança interna, por sua vez, vem sendo drenada pelo financiamento da dívida pública.

Desse modo, para que o País possa retomar o crescimento econômico de maneira vigorosa e sustentada, é preciso que consiga equacionar de maneira consistente e permanente a questão fiscal. Caso contrário, se assistirá a uma nova elevação da carga tributária que será inteiramente esterilizada pela necessidade de novos aumentos do resultado primário das contas públicas, desestimulando ainda mais os investimento privados e reduzindo o mercado consumidor, em decorrência de novos aumentos nos índices de concentração de renda no País.

Por uma Reforma Tributária Ecológica

Antonio Carlos Mendes Thame

Se os dinossauros tivessem sido avisados de que corriam risco de extinção, em virtude de algum fenômeno que até hoje não sabemos bem qual foi, este alerta pouco lhes valeria, pois nada poderiam fazer. No entanto, se nós hoje estivermos sendo alertados com relação a alguma ocorrência que possa colocar em risco a sobrevivência ou a qualidade de vida dos seres humanos e nada fazermos, com certeza estaremos agindo como irracionais. Pois bem: não estamos sendo alertados. Estamos sendo "bombardeados" por informações de centros de pesquisa sérios e pela "mídia" especializada, com relação a dois fenômenos ambientais em curso, que poderão em poucas décadas colocar em risco a sobrevivência ou a qualidade de vida de boa parte da população do planeta: o aquecimento da Terra e a escassez de água.

A questão do aquecimento global é recente, detectada pela comunidade científica há poucas décadas. Só em 1992 o assunto foi tema de uma convenção das Nações Unidas, aqui no Brasil. A Convenção das Mudanças Climáticas, de 1992, foi regulamentada, cinco anos depois, no Japão, gerando o conhecido Protocolo de Kyoto, que já foi aprovado pelos parlamentos de 50 países. O protocolo prescreve os mecanismos para diminuir na atmosfera a quantidade de CO_2, principal gás do "efeito estufa", responsável pelo aquecimento global. São necessários 55 países para

Antonio Carlos Mendes Thame é Deputado Federal (PSDB/SP), e professor do Departamento de Economia da ESALQ/USP (licenciado).

transformar esta Convenção da ONU em lei internacional. Este é o primeiro requisito. O segundo é que a somatória do CO_2 emitido pelos 55 países (no mínimo) signatários do protocolo corresponda a pelo menos 55% das emissões do planeta. Por isso, de toda e qualquer forma, é necessário que se proceda a uma ofensiva diplomática e a uma intensa campanha junto à opinião pública dos Estados Unidos, porque o protocolo precisa da aprovação daquele que ocupa o primeiro lugar entre todos os poluidores. Sozinho, os Estados Unidos respondem por quase 30% das emissões de CO_2 do mundo todo. Nos últimos dias, o mundo tomou conhecimento da elevação da temperatura na Europa, com os termômetros registrando mais de 38°C à sombra, fato até então inusitado e que provou terríveis ondas de calor, muitas mortes e incêndios em grandes e históricas florestas. Acreditamos que o bom senso acabe prevalecendo, o Protocolo de Kioto seja ratificado. Comecem a reverter o processo de aquecimento global. Caso contrário, teremos problemas seríssimos, não daqui a 100 anos, mas dentro de poucas décadas.

Com relação à escassez de água, o alerta tem sido repetido, cada vez com mais intensidade, no mundo inteiro: a escassez de água é um dos maiores desafios do nosso século. Parece mentira, já que ¾ do planeta são ocupados por água. Só que ela é quase toda (97%) salgada e 2% formam as geleiras, inacessíveis. Pior ainda: a exploração irracional da água doce armazenada nos lençóis subterrâneos, rios e lagos está ameaçando a magra fatia de 1% da água que pode ser usada pelo homem.

Hoje, em muitas localidades, depois de se chegar ao limite máximo de utilização da água superficial disponível, procura-se usar a água subterrânea, por meio da perfuração de poços. O bombeamento é tamanho, que a água não se renova. Como não se consegue regenerar toda a água que é retirada, os aqüíferos vêm sofrendo depleção em diversas regiões e gerando um expressivo afundamento do solo. Calcula-se que, somente na Índia, África do Norte, Arábia Saudita, Paquistão, Iêmen e México, são retiradas e não renovadas, quase 200 bilhões de toneladas de água por ano. Essa é a quantidade de água necessária para se produzir quase 200 milhões de toneladas de grãos, suficientes para alimentar aproximadamente 600 milhões de pessoas por um ano. Ou seja, mais de meio bilhão de pessoas são alimentadas por água que é retirada do solo de forma insustentável, predatória. Como essa água não está sendo reposta, não é um bem natural renovável, infinito. É um recurso natural que vai acabar, que já está acabando. É um bem finito, cada vez mais escasso.

Na Índia, a situação é extremamente difícil. Nove estados vêm apresentando crescentes déficits de água, entre os quais os de Punjab e Haryana, que são grandes produtores agrícolas. O Instituto Internacional de Gerenciamento de Água de Sri Lanka estima que a depleção de aqüíferos pode vir a comprometer 25% da produção indiana de grãos. O Paquistão e o Iêmen apresentam problemas semelhantes.

No norte da China, que é responsável por 40% da produção de grãos do país, a disponibilidade de água está se tornando dramática. O déficit anual de 30 bilhões de metros cúbicos tende a crescer. Outro exemplo é o rio Yang-Tse, que percorria um complexo sistema de lagos e várzeas, os quais foram drenados e modificados para uso agrícola. Estas modificações geraram inundações que têm desalojado milhões de chineses nas margens do rio e dificultando o uso permanente de suas águas para abastecimento das populações.

Nos Estados Unidos, as maiores depleções têm sido registradas no Central Valley, Califórnia, responsável por 50% da produção nacional de frutas e vegetais, e no Ogallala, um dos maiores aqüíferos do mundo. Além disso, na Flórida, o pântano de Everglades teve sua área reduzida em quase 50%, principalmente em razão do uso da água para irrigação e da drenagem para urbanização de grandes áreas. Esse pântano, um ecossistema natural denominado *wetland*, funciona como um filtro, um sistema de solos filtrantes para as águas do rio Shark, de onde é captada a água que abastece 4 milhões de habitantes da região metropolitana de Miami. Com a diminuição do pântano, o rio Shark perdeu grande parte de seu filtro natural, e já foram necessários investimentos de mais de 300 milhões de dólares (de um programa de restauração do parque nacional orçado em US$ 1,5 bilhão) para se tentar corrigir essa situação, implantar sofisticados e dispendiosos métodos de tratamento de água e permitir que o abastecimento daquela região possa continuar sendo feito com as águas do rio. Resumindo: gasta-se uma fortuna para poder continuar fazendo aquilo que antes a natureza fazia de graça.

Por outro lado, os rios Colorado, nos Estados Unidos, Nilo, no Egito, Amarelo, na China e Ganges, na Índia, na época da estiagem, não deságuam mais no mar: seus estuários ficam completamente secos.

O Mar de Aral, encravado entre o Cazaquistão e o Usbequistão, encolheu 20 mil quilômetros quadrados somente no século XX, formando um deserto de sal. Isso porque o Amudária e o Sirdária, seus únicos alimentadores, tiveram a maior parte de suas águas desviadas para irrigação.

A situação no Brasil

A escassez e a poluição são problemas constatados em muitos países, o quais já instituíram um efetivo gerenciamento de seus recursos hídricos. No Brasil, no entanto, a preocupação de cientistas e ambientalistas nem sempre é levada a sério. Afinal, temos mais de 12% da água potável do globo. Uma riqueza, porém, extremamente mal distribuída: cerca de 80% estão na região amazônica; os 20% restantes se distribuem desigualmente pelo país, atendendo a mais de 90% da população.

Paraíba e Pernambuco contam com menos de 1.500m³ de água/habitante/ano, índice considerado pela ONU como o mínimo suficiente para a vida em comunidade. E mesmo no Estado de São Paulo, onde a disponibilidade de água por habitante/ano é quase o dobro do mínimo (2.900m³), há regiões em situação crítica. No Alto Tietê, são 200 m³/habitante/ano; na região do Piracicaba, 400 m³/habitante/ano. Se a vazão dos rios, na estiagem, for comparada com o volume de água já utilizado, chegamos à conclusão de que a região metropolitana de São Paulo, no Alto Tietê, precisa de quase quatro vezes mais água do que dispõe. Como não se pode usar o que não existe, é necessário recorrer à outra bacia, através do Sistema Cantareira, que retira água do Atibaia e do Jaguari, na Bacia do Piracicaba. Não fosse isso, seria impossível abastecer 17 milhões de pessoas que vivem na região metropolitana de São Paulo.

Por outro lado, a degradação decorrente da poluição por esgotos domésticos e industriais, dos lixões, do entulho, do desmatamento e da ocupação das margens dos cursos d'água tem deixado a água indisponível para abastecimento humano, notadamente nas regiões mais densamente habitadas.

A partir da industrialização e mais acentuadamente nos últimos 50 anos, o mundo sofreu grandes transformações no seu meio ambiente, provocada pelo desenvolvimento. O aumento da densidade demográfica, especialmente nas regiões metropolitanas, tem criado problemas de infra-estrutura, fundamentalmente em serviços essenciais, como abastecimento de água, coleta e tratamento de esgoto, alto custo na geração de energia elétrica, desumanização. Não se trata de um fenômeno brasileiro, mas sim mundial, agravado pelos avanços tecnológicos que reduzem a capacidade de gerar empregos.

Revertendo a situação

Muitos países instituíram instrumentos de gestão para reverter a degradação ambiental e assegurar a integridade dos ecossistemas, com base em três premissas:

a) utilizar o caráter indutor da legislação ambiental;
b) considerar que os recursos naturais têm valor coletivo;
c) instituir a gestão compartilhada dos recursos naturais.

Primeiro: atualizar a legislação como indutora de comportamentos socialmente desejáveis implica não apenas aprovar leis de comando e controle que inibam comportamentos que não interessam à sociedade, mas também leis na área da prevenção e de incentivo. Enfim, criar um arcabouço jurídico baseado na lei de crimes ambientais; na lei de cobrança pelo uso da água, e instituir uma *reforma tributária ecológica*.

Segundo: alocar recursos do orçamento público, considerando que as obras ou intervenções para reverter a degradação ambiental estarão ajudando a preservar um valor coletivo. Ou seja, interessam a todos. Os recursos do orçamento devem ser usados da forma mais abrangente possível. É diferente quando se paga um pedágio: paga só quem usa a estrada. Ambiente não. Ambiente interessa a todos. Não se consegue, porém, realizar todas as obras de saneamento, de reflorestamento ciliar, de reversão da degradação dos solos, por exemplo, somente com os recursos advindos de tarifas. Países que conseguiram ficar perto da universalização do saneamento básico não contaram apenas com recursos de tarifa de água. Alocaram recursos públicos, por meio de empréstimos ou a fundo perdido.

Terceiro: garantir a participação dos envolvidos nas decisões, através da constituição dos comitês de bacia.

A aplicação conjunta destas três premissas significa mais do que oferecer aos cidadãos condições de participar do gerenciamento dos recursos hídricos.

Reforma Tributária

O Brasil de hoje é, em boa parte, resultado da ação política e das políticas públicas adotadas na segunda metade do século passado. Do mesmo modo, apenas com mudanças em ambas poderemos reduzir as desigualdades ou eliminar a miséria.

O atual sistema tributário brasileiro, originado na reforma de 1966, foi montado (e evoluiu) com o objetivo prioritário de financiar o gasto público, sem preocupações efetivas com distribuição de renda, promoção da eqüidade ou preservação ambiental. Isto resultou em um sistema que não encoraja o investimento produtivo. Ao contrário patrocina a informalidade e perverte a concorrência e estimula atividades predadoras ou predatórias, patrocinadas à margem da lei.

É um sistema contábil e juridicamente caótico (alicerçado numa miríade de dificuldades, que estimulam a sonegação e até mesmo a venda de facilidades) e socialmente injusto (concentra a carga tributária sobre quem menos tem, pois perto de três quartos são extraídos da produção e do consumo, enquanto que o mundo todo coloca peso maior na renda e no patrimônio).

O Governo FHC, na tentativa de melhorar esta situação, conseguiu aprovar mudanças expressivas, por meio da legislação infraconstitucional: reestruturou o imposto de renda, instituiu uma nova legislação básica do ICMS (a chamada Lei Kandir) e o Simples. O que não é pouco: hoje mais de 2 milhões de empresas estão contempladas pelo SIMPLES, o que já significa uma minireforma. Já no âmbito constitucional, não houve avanço, embora tenha sido enviado mais de um projeto ao Congresso. A Câmara dos Deputados chegou a aprovar, em 2000, uma emenda substitutiva, mas o processo não foi concluído, diante da enorme gama de interesses contraditórios.

A Proposta do Governo Lula

Em 2003, o Presidente Lula negociou com os Governadores a definição dos princípios norteadores (óbvios, aliás) da reforma tributária, consubstanciados na chamada Carta de Brasília: promover justiça fiscal, eficiência e competitividade econômica, estimular a produção e o investimento produtivo, simplificar o sistema, reduzir a sonegação e a evasão fiscal.

Esperava-se, portanto, que a proposta enviada pelo Governo à Câmara dos Deputados se baseasse nestes princípios e induzisse a máquina do crescimento a disparar, através da desoneração das exportações, dos investimentos e da produção; da simplificação do sistema tributário, diminuição da burocracia, da redistribuição da carga tributária de forma mais igualitária, para melhorar a qualidade dos tributos cobrados e tomar suportável o atual nível de tributação, reconhecidamente elevado.

A Proposta de Emenda Constitucional n° 41, no entanto, praticamente ignora as premissas acordadas com o governadores. É uma proposta de reforma que não reforma o sistema. Não desonera exportações, não equipara os produtos nacionais aos importados, não resolve a cumulatividade da Cofins, nem enxuga o complexo sistema de 38 tributos.

Praticamente não toca nos impostos cumulativos e na alta taxação sobre bens, e serviços. Não reduz nem distribuí com mais justiça a alta carga tributária. Ao contrário, o peso dos impostos sobre a economia, vai aumentar. O próprio governo admite que pode chegar a 40% do PIB, depois de atingir 35,86% no ano passado, Essa mesma carga estava abaixo de 30%, em 1998. E abaixo de 24%, em 1994.

Uma mera reforma do ICMS

No campo da tributação sobre o valor adicionado (ICMS), a proposta apenas reduz o número de alíquotas e unifica o ICMS. Pontos cruciais, como a definição da tributação na origem ou no destino, permanecem indeterminados, sujeitos a uma nova lei complementar e à aprovação, por 3/5 do Senado, de uma resolução validando o novo texto constitucional.

Evidentemente, a simplificação do ICMS é positiva: a submissão das suas normas à lei federal, a redução das atuais 44 alíquotas para apenas cinco e sua fixação pelo Senado são avanços na direção certa. A cobrança do imposto na origem (e sua repartição com os Estados de destino) pode resolver alguns problemas, como as odiosas barreiras rodoviárias, mas não elimina a questão crucial da devolução do crédito fiscal, um dos mais sérios obstáculos no caminho das exportações. É bom lembrar que o bloqueio, por algumas unidades federadas, de seus créditos acumulados toma o ICMS um imposto cumulativo.

Além disso, é muito provável que haja aumento da carga tributária, por deixar a cargo do Conselho Nacional de Política Fazendária (Confaz) a tarefa de escolher os produtos que entrarão em quatro das cinco faixas (alíquotas) de imposto que cabe aos Estados definir (a categoria especial será definida pelo Governo

Federal). O maior risco está na possibilidade de que a unificação das alíquotas venha a ser feita por cima, aumentando a carga tributária.

Mais impostos, menos empregos

A transformação da CPMF em contribuição permanente, o aumento da Cofins do sistema, financeiro de 3% para 4%, a elevação da base de cálculo da CSLL (Contribuição Social sobre o Lucro Líquido) para as empresas de serviços, a progressividade do ITR (Imposto Territorial Rural), do ITCD (Imposto sobre Transmissão Causa Mortis e Doação) e do ITBI (Imposto sobre Transmissão Intervivos de Bens Imóveis), assim como a criação de um imposto sobre grandes fortunas por simples lei ordinária, são medidas, todas elas, na direção do aumento da carga tributária.

Se por um lado a proposta de emenda do Governo Lula não melhora o sistema tributário, por outro lado ela contribui para resolver necessidades imediatas e para o equilíbrio fiscal do governo federal, em particular por estabilizar receitas transitórias, que a cada renovação abriam períodos de incerteza e negociações perigosas. A CPMF passa a ser definitiva e com alíquotas reguláveis por iniciativa do Ministério da Fazenda. A Desvinculação das Receitas da União (DRU) tem sua vigência prorrogada até 2007, e passa a incorporar as novas contribuições econômicas, o que esteriliza no superávit primário 20% da CIDE combustíveis e dos fundos setoriais de C&T.

O relator retirou do projeto garantias do contribuinte, como a noventena para mudanças no IPI e no ICMS e a necessidade de lei complementar para a criação do imposto sobre grandes fortunas; e suprimiu a desoneração do IPI e do ICMS nas aquisições de máquinas e equipamentos.

Isso tudo, porém, não é uma reforma tributária. São artifícios para aumentar a arrecadação. Não é a mudança de que o Brasil precisa.

A qualidade dos tributos pode determinar a estagnação do País. Com impostos de péssima qualidade, o Estado vai continuar se apropriando 36% *de* tudo o que a sociedade produz, dificultando o crescimento, distorcendo o sistema de preços, aumentando o custo do capital e privilegiando as importações, enquanto onera as exportações. É preciso que o bolo cresça e para que o bolo cresça é preciso que a economia cresça, para que a economia cresça é preciso que se reduza o peso dos tributos sobre a produção.

A Reforma Tributária Ecológica

O Estado brasileiro adotou uma postura centralizadora ao assumir a execução de serviços essenciais ao desenvolvimento, de forma direta ou indireta (empresas públicas ou estatais) transformando-se num mau mega-empresário. Tornou-se comum o uso dos tributos e de empréstimos geralmente pagos total ou em parte pelo produto dos tributos, serem utilizados para manter e criar estatais e empresas de economia mista, para o que foram utilizadas até recursos da previdência social.

Para reativar o desenvolvimento e gerar empregos, o Brasil terá de investir de forma sustentada e sem agredir o meio ambiente. Com exceção dos EUA, os grandes parceiros comerciais do Brasil estão de olho na degradação ambiental, mostrando-se cada vez mais exigentes com o futuro ecológico. O Brasil, a exemplo de outros países conscientes, como a Alemanha, precisa usar de forma bastante parcimoniosa os recursos naturais. Uma reforma tributaria ecológica pretende justamente, a partir de uma reavaliação dos recursos naturais que o Brasil possui em abundância, direcionar seu melhor aproveitamento.

A Frente Parlamentar pró-Reforma Tributária Ecológica

Economia e ecologia não se contradizem, mas condicionam-se reciprocamente. É correto pensar que futuramente cada pessoa terá de assumir os custos da prevenção de problemas ambientais e da utilização do meio ambiente, advindos do seu comportamento como produtor ou como consumidor. Não há como discordar de uma ampliação da economia social de mercado pela dimensão ecológica e, ao mesmo tempo, da utilização das forças e do mecanismo de orientação da economia em benefício do uso não predatório da natureza e do meio ambiente. Por conseguinte, uma alteração da legislação tributária motivada pela política ambiental é um objetivo adicional e inovador proposto não só no Brasil, mas defendido em vários países.

A nossa Frente Parlamentar pró-Reforma Ecológica surgiu dessa conscientização. Não há como fugir da realidade de que o nosso planeta tem limitações e que não podemos continuar livremente ignorando-as, como vem acontecendo.

A Constituição de 1988 registrou um significativo avanço na questão ambiental: traz um capítulo inteiro sobre meio ambiente. Avançamos depois na legislação complementar e na ordinária. Hoje, o grupo de deputados pró-reforma tributária ecológica têm defendido a necessidade de o Brasil adotar uma série de instrumentos de política, visando ao desenvolvimento sustentável. Com a tramitação da proposta de reforma tributária do Governo Lula, surgiu a oportunidade de fazê-lo. Nada menos do que 50 dentre as 430 emendas apresentadas dizem respeito à proteção ambiental.

Propusemos a adoção dos princípios poluidor/pagador e usuário/pagador. Outras emendas prevêem que o custo ambiental deve refletir-se no preço do produto ou serviço, de forma a tornar mais competitivos aqueles que ocasionam menor impacto ambiental. Da mesma forma, propusemos emenda estabelecendo compensação financeira no rateio dos recursos do Fundo de Participação dos Estados (FPE) e dos Municípios (FPM) para aqueles que investem em unidades de conservação da natureza, como parques e estações ecológicas, florestas etc. Também foi proposta a desoneração de impostos sobre áreas de preservação permanente, reservas legais e de interesse ecológico, e que a União possa instituir empréstimos para despesas extraordinárias decorrentes de desastres ambientais e outros. Outra emenda, de grande relevância, trata da não cumulatividade de contribuição sobre a receita ou faturamento de atividade econômica, segundo a atividade ou ciclo de vida dos produtos e sua influência sobre o meio ambiente. Entre outras vantagens, objetiva-se desonerar a maior empregabilidade (contratação de trabalhadores), em detrimento do uso de equipamentos que priorizam não renováveis. Também propusemos emenda genérica, prevendo que os impostos da União conterão, sempre que possível, mecanismo de compensação pelo uso de recursos naturais e pela degradação ambiental.

O que se deseja é abandonar um sistema tributário insensível, que não difere a taxação sobre o que é saudável para a economia, o país e a população, daquela que é não conveniente, mas sim prejudicial a todos, porque exige, direta ou indiretamente, reparações futuras que acabam custando mais do que o imposto auferido, além dos prejuízos causados à saúde da população e de danos ao ambiente.

A utilização de taxas e impostos diferenciados para produtos ou serviços poluentes ou degradadores do meio ambiente já vem sendo introduzida em vários países. No Reino Unido, em 1989, um imposto maior sobre a gasolina com chumbo fez com que a população mais rapidamente optasse pela gasolina menos poluente. A Itália criou uma taxa de 10 centavos de dólar sobre sacos plásticos não degradáveis e provocou uma queda de 40% no seus consumo, com a população passando a utilizar outros produtos mais facilmente recicláveis. A Alemanha incentiva o uso do biodiesel (não poluente), deixando de tributar o produto, que tem nas bombas preço menor do que o diesel comum, altamente poluente. Também foi o primeiro país a adotar uma reforma tributária ecológica.

Uma das alegações das empresas ou agentes poluidores é de que eles, já por lei, são responsáveis pelos danos ou prejuízos causados a terceiros, o que não constitui uma verdade plena, eis que nem sempre a extensão do malefício pode ser mensurada, da mesma forma como nem sempre a população prejudicada tem conhecimento de que sua saúde está sendo debilitada por esta ou aquela causa e, via de regra, as denúncias ocorrem tardiamente ou quando algum desastre ecológico acontece.

Num país da extensão territorial do Brasil é difícil realizar uma reforma tributária que contente a todos. Em alguns pontos, porém, a reforma terá de criar condições para elevar a qualidade de vida da população. Sem isso, será um frustrante arremedo de reforma, destinada somente a resolver problemas da arrecadação pública, e não os da população.

Todos sabemos que o problema crucial dos países está na dificuldade de gerar emprego e renda para a produção. No caso do Brasil, uma reforma tributária ecológica poderá ajudar a criar empregos. Basta atentarmos para o fato de que os muitos países desenvolvidos estão direcionados para a proteção ecológica, a qual depende de serviços e produtos renováveis e ecologicamente corretos. O Brasil tem condições de produzí-los em abundância.

Faltam políticas que amparem essa produção criando diferenciais de custo (e de preço), incentivando a agricultura, as indústrias de transformação e de produção. A partir daí, o processo de desenvolvimento se torna mais dinâmico e coloca a tributação a serviço do povo e não apenas do governo.

Financiamento da Educação e o Projeto de Reforma Tributária

Jorge Abrahão de Castro
Paulo Roberto Corbucci

Introdução

Ao situar-se no âmbito das responsabilidades do Poder Público, compondo o núcleo central dos atuais sistemas de bem-estar social, a Educação absorve quantidade expressiva dos recursos orçamentários. A Constituição Federal (CF) de 1988 e a Lei de Diretrizes de Bases da Educação Nacional (LDB), de 1996, atribuíram à União, aos Estados, ao Distrito Federal (DF) e aos Municípios a responsabilidade pela administração do sistema educacional brasileiro, tendo como fundamento o regime de colaboração entre essas instâncias federadas.

Em momentos como o atual, em que se pretende realizar uma Reforma Tributária, com inevitáveis impactos para a área, é importante se identificar as competências e responsabilidades das unidades federadas no tocante ao financiamento das ações educacionais, de modo a se aferir possíveis perdas e ganhos decorrentes das mudanças sob estudo.

Um dos objetivos do presente texto é o de mensurar as disponibilidades orçamentárias potenciais resultantes do respeito às normas jurídico-institucionais vigentes, além de apontar para

Jorge Abrahão de Castro - Gerente de Pesquisa do IPEA; Pesquisador Associado Adjunto da UnB; Doutor em Economia/UNICAMP.
Paulo Roberto Corbucci - Técnico de Planejamento e Pesquisa/IPEA; Professor da Universidade Católica de Brasília; Doutor em Sociologia/UnB.

os impactos de possíveis alterações contidas na proposta de reforma tributária, em tramitação no Congresso Nacional.

Outro aspecto salientado refere-se ao fato de que a capacidade de financiamento público do gasto estrutura-se a partir de dois tipos de financiamento, um que protege a área, com forte respaldo legal, inscrito na CF, aqui denominado: financiamento protegido. O outro tipo é mais instável e incerto, na medida em que depende de negociações políticas e está fortemente condicionado aos problemas conjunturais, sejam econômicos, sociais ou políticos, sob a denominação de financiamento flexível.

Estrutura de financiamento público para a Educação

A Constituição Federal de 1988 estabeleceu explicitamente que a Educação é um direito social e, para tal, definiu como responsáveis pelo seu provimento, tanto a família como o Estado. No intuito de assegurar o cumprimento deste mandamento e, com isso, garantir o pleno gozo desse direito assegurado ao cidadão, a CF também definiu as fontes de financiamento que o Estado disporia para bancar o cumprimento desse preceito. Por sua vez, a LDB vinculou explicitamente a Educação ao "mundo do trabalho" e à prática social, além de estabelecer fontes de financiamento para os gastos educacionais. No que tange à ação pública pela Educação, as normas legais atribuíram a União e aos demais entes federados a responsabilidade pela manutenção e expansão do ensino, tendo como estrutura de financiamento a que se apresenta no Quadro 1.

Quadro 1
Estrutura de financiamento da Educação por entes federados

UNIÃO	ESTADOS	MUNICÍPIOS
1. ORÇAMENTÁRIOS (Tesouro) • Ordinários do Tesouro • Vinculação da receita de impostos (18%) para MDE • DRU (ex-FEF/FSE) **2. CONTRIBUIÇOES SOCIAIS** • Salário-Educação/quota Federal • Contribuição sobre o lucro líquido • Contribuição para a seguridade social • Receitas brutas de prognósticos **3. OUTRAS FONTES** • Operações de Crédito • Renda líquida da loteria federal • Renda de órgãos autônomos • Aplicação do Salário-Educação/quota Federal e outras fontes do FNDE • Diretamente arrecadados • Diversos	**1. ORÇAMENTÁRIOS (Tesouro)** • Vinculação da receita de impostos (25%) para MDE • Subvinculação do FUNDEF (representa 15% das receitas de impostos e do FPE e ICMS) **2. TRANSFERÊNCIAS** • Salário-Educação/quota Federal • Orçamentários da União (exemplo: complementação do FUNDEF) • Aplicação do Salário-Educação/quota Federal e outras fontes do FNDE **3. CONTRIBUIÇÃO SOCIAL** • Salário-Educação/quota Estadual **4. OUTROS** • Diretamente arrecadados • Operações de crédito • Diversos	**1. ORÇAMENTÁRIOS (Tesouro)** • Vinculação da receita de impostos (25%) para MDE • Sunvinculação do FUNDEF (representa 15% das receitas de impostos e do FPM) **1. TRANSFERÊNCIAS** • Salário-Educação/quota Estadual • Salário-Educação/quota Federal • Orçamentários do Estado • Orçamentários da União • Aplicação do Salário-Educação/quota Federal e outras fontes do FNDE **2. OUTROS** • Diretamente arrecadados • Operações de crédito • Diversos

Fonte: Constituição Federal, LDB e demais leis ordinárias

Elaboração: Castro, J. A.

Como pode ser observado no quadro acima, a União divide a aplicação de seus recursos na manutenção do sistema federal, na execução de programas próprios e em transferências para os sistemas estaduais e municipais. Aos recursos provenientes das fontes próprias dos Estados somam-se as transferências da União. Por sua vez, os Municípios tornam-se beneficiários de transferências de Estados e da União. Portanto, conforme estabelece o dispositivo legal, o regime de financiamento entre os entes federados é o de colaboração, em que a União e os Estados exercem ação supletiva e redistributiva.

A estrutura de financiamento da Educação que ora se apresenta, de natureza mista e caráter complexo, tem como principal fonte de recursos o aparato fiscal, resultante da vinculação de impostos. Parcela considerável provém das Contribuições Sociais, principalmente daquelas originalmente destinadas ao financiamento da seguridade social e do Salário-Educação - contribuição destinada exclusivamente ao financiamento de ações na área educacional. Há também uma parcela dos recursos disponíveis à Educação que provém de operações de crédito com agências internacionais. Na categoria Outras Fontes, encontram-se as aplicações financeiras do FNDE e os recursos diretamente arrecadados pelas instituições vinculadas ao MEC. A partir de 1994, foi instituído o Fundo Social de Emergência (FSE)[1], de caráter atípico, que também passou a ser utilizado para o financiamento da Educação.

Capacidade de financiamento público para a Educação

O financiamento público do gasto em Educação estrutura-se a partir de duas modalidades. A primeira, com respaldo constitucional, é aqui denominada financiamento protegido. Uma outra modalidade, de caráter flexível e de natureza instável e incerta, depende de negociações políticas e é fortemente condicionada por oscilações conjunturais, sejam econômicas, sociais ou políticas[2].

A denominação financiamento público protegido diz respeito à parcela das receitas públicas (impostos e Contribuição Social do Salário-Educação[3]) arrecadadas pelas três esferas de governo, que a Constituição brasileira assegura à Educação, mediante a aplicação de percentuais mínimos incidentes sobre essa arrecadação[4]. Cabe ressaltar que essas disposições constitucionais já foram objeto de regulamentação ordinária (Lei de Diretrizes e Bases da Educação Nacional e regulamentações do Salário-Educação).

Os recursos provenientes das Contribuições Sociais, as operações de crédito realizadas com organismos internacionais, os recursos próprios que são arrecadados por algumas instituições, entre outros, compõem o que se denominou de financiamento flexível.

Para efeito da estimação dessa capacidade de financiamento público associado à área de Educação, admite-se como premissa que os três níveis de governo respeitem as disposições contidas no artigo 212 da CF, pelo qual a União deve aplicar na área de Educação 18% dos recursos oriundos da receita de impostos federais a ela destinados, já descontados os 20% da DRU, enquanto que aos Estados e Municípios caberia a vinculação de 25% das receitas de impostos que arrecadam e daquelas que lhe são transferidas.

A partir dos resultados da arrecadação das receitas de impostos, em 2000 - assumindo-se a premissa de que as três esferas de governo estariam atendendo ao dispositivo constitucional supra citado -, da arrecadação do Salário-Educação e das receitas das demais contribuições sociais e das fontes próprias, chegou-se aos valores apresentados na Tabela a seguir:

Tabela 1 – Estimação da capacidade de financiamento público protegido e flexível para a Educação – 2000

Em R$milhões

Tipo	Receita	Esfera governamental	Próprios*	Transferências			Total
				União	Estados	Total	
Financiamento público protegido	Impostos/ Vinculações	União	7.777	-	-	-	7.777
		Estados	16.501	6.163	-	6.163	22.664
		Municípios	3.245	4.403	8.032	12.435	15.680
		Total	**27.522**	**10.567**	**8.032**	**18.599**	**46.121**
	Salário-Educação	União	905	-	-	-	905
		Estados	1.819	-	-	-	1.819
		Total	2.725	-	-	-	2.725
	Total	União	8.682	-	-	-	8.682
		Estados	18.320	6.163	-	6.163	24.484
		Municípios	3.245	4.403	8.032	12.435	15.680
		Total	**30.247**	**10.567**	**8.032**	**18.599**	**48.846**
Financiamento público flexível	Demais Contribuições sociais e outras fontes	União	4.315	-	-	-	4.315
		Estados	n.d.	-	-	-	-
		Municípios	n.d.	-	-	-	-
		Total	4.315	-	-	-	4.315
TOTAL		União	12.997	-	-	-	12.997
		Estados	18.320	6.163	-	6.163	24.484
		Municípios	3.245	4.403	8.032	12.435	15.680
		Total	**34.562**	**10.567**	**8.032**	**18.599**	**53.161**

Fonte: COTEPE e STN/MINFAZ

*O valor da Dev/ICMS e do IRRF dos servidores estaduais e municipais foram computados como recursos arrecadados pela União e transferidos para Estados e Municípios.

Elaboração: Castro, J. A & Sadeck, F.

Conforme se observa na tabela anterior, a disponibilidade mínima de recursos públicos protegidos para a área de Educação, em 2000, teria sido de aproximadamente R$ 48,8 bilhões, caso estivessem sendo respeitadas as disposições legais vigentes[5]. Os recursos que compõem a reserva de mínimos orçamentários vinculados pela CF somaram cerca de R$ 46,1 bilhões, correspondendo a 94,4% do financiamento protegido ou, ainda, a 87,0% de todo o potencial de financiamento, o que evidencia a importância da vinculação constitucional para a Educação. No caso dos Municípios, a totalidade do financiamento protegido é proveniente dessa fonte.

A outra fonte de recursos que compõe o financiamento protegido é o Salário-Educação, o qual correspondia aos 5,6% restantes do financiamento protegido global, mas com participações diferenciadas entre as esferas de governo: cerca de 10,0% dos recursos protegidos aplicados pela União e 7,4% do volume de recursos dos Estados. Os Municípios, por sua vez, não contam com recursos dessa fonte.

Outro resultado que chama a atenção, na tabela anterior, refere-se à participação majoritária dos Estados na composição do financiamento público mínimo global da área de Educação (50,1%). Aos Municípios caberiam cerca de 32,1% dessa capacidade de financiamento e, à União, apenas 17,8% do gasto público estimado.

Cabe ressalvar, no entanto, que o volume estimado de recursos federais para a área de Educação não incorporou o que teria sido transferido aos governos do Distrito Federal e de ex-territórios, bem como os gastos sob a responsabilidade de outros Ministérios que desenvolvem ações na área de Educação, principalmente o Ministério da Ciência e Tecnologia e os Ministérios militares. Além disso, a maior parte dos recursos movimentados pelo MEC destina-se ao financiamento da Educação Superior, principalmente nas Instituições Federais de Ensino Superior (Ifes), conforme previsto na CF, o que limita sua capacidade de intervenção na Educação Básica.

Os dados relativos ao financiamento flexível revelam que essa modalidade responde por apenas 8,0% do financiamento da Educação. Além disso, Castro e Sadeck (2003) demonstram que apesar de ser proveniente de uma certa diversidade de fontes, tem suas maiores expressões nos recursos das Contribuições Sociais alocados ao MEC. Em 2000, foram cerca de R$ 2,5 bilhões, o que representa 58% da capacidade de financiamento flexível. Nessa categoria, a principal fonte é a Cofins (40,9%). Em geral, esses recursos são alocados aos programas destinados à assistência ao educando, principalmente para financiar a merenda escolar. Outra fonte relevante salientada por esses autores foram os Recursos Diretamente Arrecadados, com cerca de 24,3% do total. Estes recursos são, em sua maioria provenientes das Ifes, como resultado da produção de bens e da prestação de serviços à comunidade, empresas, etc. As demais fontes, como Operações de Crédito, Títulos do Tesouro, crédito educativo e convênios foram responsáveis por apenas 12,3%.

Em relação ao Produto Interno Bruto (PIB), em 2000, o financiamento público da Educação, sem considerar as contribuições sociais, correspondeu a cerca de 4,5% daquele total. Quando desagregados por esfera de governo, verifica-se que os recursos do Estados representam cerca de 2,3%, os dos Municípios correspondem a 1,4% e os recursos do governo federal a apenas 0,8% do PIB. Acrescendo-se as receitas das contribuições sociais e as demais receitas próprias este percentual, a capacidade de financiamento público da Educação, em 2000, corresponderia a 4,9% do PIB.

Quando se comparam os valores do financiamento da Educação e a Carga Tributária Bruta que, em 2000, representou 32,9% do PIB, observa-se que a capacidade de financiamento da Educação, composta apenas por fontes dessa ordem, seria equivalente a 14,0% da arrecadação tributária bruta, ou seja, algo em torno de 1/6 do total arrecadado é destinado à Educação em nível nacional.

Se a Educação tem esse peso para o esquema de financiamento tributário do Estado, isso se deve à vinculação de recursos de impostos para a área. Historicamente[6], esse dispositivo continua sendo uma das medidas políticas mais eficazes de mobilização de meios para o cumprimento de um vasto elenco de responsabilidades do Poder Público, na área da Educação.

A despeito das críticas que atribuem à vinculação de impostos a responsabilidade pela rigidez e engessamento na gestão orçamentária e financeira do Governo, segundo Castro (1996), esse mecanismo foi determinante para que, mesmo sob o impacto de crises econômicas, os gastos do MEC tivessem ampliado sua participação no PIB, no período 1980-1989, de 1,2% para 1,9% do total.

Possíveis implicações do projeto de reforma tributária para o Financiamento da Educação

A eventual adoção de mecanismos que venham a reduzir a base de cálculo sobre a qual incidem as vinculações constitucionais para a manutenção e o desenvolvimento do ensino, algo como uma Desvinculação de Recursos para os Estados, de cerca de 20%, no escopo do projeto de Reforma Tributária, tem colocado sob alerta segmentos organizados da área de Educação[7], para o risco que essa desvinculação representaria, ou mesmo a redução da base de cálculo dos percentuais a serem aplicados nos sistemas públicos de ensino. Tal proposta tem sido motivada pelo fato de os Estados e Municípios encontrarem-se endividados.

No intuito de aferir os impactos que uma desvinculação dessa monta traria consigo, foi realizada simulação, tendo-se como referência o ano 2000, pela qual ficou evidenciado que o orçamento da Educação poderia ser reduzido em até R$ 8,9 bilhões, ou seja, os recursos disponíveis para a área poderiam sofrer redução de 16,7%, o que corresponde a mais da metade de tudo o que os Municípios gastam com Educação.

Esses mesmos segmentos argumentam que grande parte dos avanços na Educação é devida à vinculação de recursos, introduzida pela Emenda Calmon e, posteriormente, confirmada e ampliada pela Constituição de 1988, assim como pela subvinculação estabelecida pela Emenda Constitucional que criou o Fundef. Esses avanços são evidenciados na melhoria de grande parte dos indicadores educacionais, principalmente daqueles que se referem ao ensino fundamental.

Por sua vez, a reforma do sistema tributário nacional poderá impulsionar o desenvolvimento econômico, com o conseqüente aumento da arrecadação tributária. Desse modo, a área de Educação seria beneficiada, principalmente no caso de o aumento da arrecadação ser devido ao recolhimento de impostos.

Mudanças na legislação que venham a inibir a evasão fiscal e a aumentar a base de contribuintes, especialmente pela incorporação daquelas empresas que se utilizam dessa evasão como vantagem competitiva, também podem reverter-se em ampliação de recursos para a área de Educação. Do mesmo modo, alterações que visem diminuir a guerra fiscal, principalmente pela padronização da legislação do ICMS e a redução das mais de quarenta alíquotas para cinco, podem trazer como conseqüência diminuição da sonegação e maior transparência e facilidades para que as empresas possam recolher o tributo.

Caso a Reforma amplie recursos a Estados e Municípios, mesmo que em detrimento de perdas para a União, como é o caso da redistribuição da CIDE, esse fato pode favorecer o financiamento da Educação, uma vez que são aquelas esferas de governo os principais responsáveis pelo financiamento da Educação, como apresentado na tabela anterior[8].

A despeito da importância que se atribui à desoneração das exportações, para o aumento da competitividade externa dos produtos brasileiros, deve-se ter em mente que a perda expressiva de arrecadação via ICMS, principalmente nos Estados com maior poder exportador, também terá impactos sobre o financiamento da Educação. Vale lembrar que esse é o principal imposto que financia a área. Como forma de compensar eventuais perdas de arrecadação, está sendo discutida a montagem de um Fundo de Compensação para a Educação. Neste caso, alerta-se para a necessidade de que os recursos que venham compensar tais perdas também sejam computados para efeito da vinculação, pois, do contrário, a Educação perderá 25% do volume de incentivos fiscais.

Por fim, a proposta de se alterar a forma de recolhimento do ICMS, da origem, como é realizado atualmente, para o destino, também poderá afetar o financiamento da Educação, em virtude da existência de diferenças regionais e locais de produção, o que poderá acarretar vantagens para alguns entes federados e desvantagens para outros.

O debate atual sobre o financiamento da Educação

Um dos requisitos para que não haja solução de continuidade no processo de universalização da Educação básica com qualidade, refere-se ao equacionamento da questão do financiamento. Indo de encontro ao que está sendo veiculado acerca da Reforma Tributária, setores organizados da área de Educação defendem, por intermédio da Carta da Educação:

- a derrubada dos vetos presidenciais ao Plano Nacional de Educação (PNE);
- a ampliação dos recursos públicos para a área, em cerca de 7% do PIB;
- cumprimento do valor mínimo por aluno, estabelecido pelo FUNDEF;
- a definição do custo aluno/qualidade;
- atendimento da Educação infantil e a progressiva obrigatoriedade do ensino médio;
- a aplicação dos recursos do Fundo de Universalização dos Serviços de Telecomunicações (FUST) na universalização das tecnologias da informação e da comunicação nos estabelecimentos públicos de ensino.

A intenção do MEC de rever o valor mínimo do gasto aluno-ano do FUNDEF vem ao encontro das críticas recorrentes de grande parte dos atores sociais vinculados à Educação, para os quais a União estaria contribuindo cada vez menos na composição dos recursos do FUNDEF. Se, em 1998, a complementação da União correspondia a 3,2% dos recursos desse Fundo, em 2002, esse índice havia sido reduzido a 2,3% do total. Esse declínio na participação da União tem sido atribuído ao baixo ajustamento do gasto mínimo *per capita* que, desde a sua implantação, não só deixou de cumprir o que estabelecia a própria legislação de regulamentação do Fundo, como também não acompanhou o crescimento da arrecadação de Estados e Municípios. A redução relativa, da participação da União na composição do FUNDEF, configurou, para alguns, uma forma de desobrigação do Ministério para com o ensino fundamental.

Como a intenção da gestão atual é a de rever essa questão central do FUNDEF, a discussão ficaria por conta dos critérios técnicos que seriam utilizados para recompor o valor a ser adotado como gasto anual mínimo por aluno. No entanto, qualquer que seja o critério adotado, estima-se que haverá uma correção expressiva desse valor mínimo, o que implicará em um aporte significativo de recursos por parte do MEC. Como esse aporte adicional não está previsto no orçamento, resta saber se a ampliação desse valor *per capita* será financiada pelo remanejamento interno de fontes de recursos, com implicações para o cumprimento de determinadas funções, ou se o orçamento da Educação será efetivamente ampliado.

A instituição de um Fundo para a Educação Básica constitui uma antiga reivindicação da área de Educação, principalmente daqueles segmentos vinculados à Educação Infantil e ao Ensino Médio. No entanto, um dos principais óbices à concretização dessa idéia refere-se à disponibilidade de recursos financeiros necessários à sua implementação. Algumas simulações realizadas indicam que o financiamento desse Fundo dependerá dos cenários que venham a ser configurados em relação ao gasto aluno/ano que se adote. Por exemplo, em um cenário de manutenção das estruturas de gasto atuais - gasto aluno/ano ao nível do que se esperaria para o FUNDEF - o FUNDEB deveria contar com cerca de R$ 48 bilhões, em 2003, (4,1% do PIB). Porém, sob um cenário mais favorável, os recursos do Fundo seriam da ordem de R$ 74 bilhões, o que corresponde a cerca de 6,4% do PIB.

A depender do cenário adotado, variar-se-ia a complementação financeira da União, ou seja, o esforço de financiamento que o MEC teria de empreender para assegurar a execução de tal política.

Em relação ao primeiro cenário delineado, observa-se que a complementação a ser realizada pela União poderia atingir cerca de R$ 8 bilhões, o que implicaria um crescimento de 50% no orçamento atual do MEC. Sob o segundo cenário, a complementação da União atingiria cerca de R$ 34 bilhões (2,9% do PIB), o que representaria, de fato, um expressivo aumento de recursos para o financiamento da Educação básica. Neste caso, os Estados não perderiam recursos para seus Municípios e, em conjunto com estes, demandariam grande quantidade recursos da União.

Por outro lado, os resultados das estimativas mostram que o FUNDEB, assim como o FUNDEF, pode representar no interior de cada Estado uma mini-reforma tributária, que deve gerar impasses e forçar negociações entre os dirigentes dos executivos estaduais mais atingidos e os dirigentes do MEC, visando à cobertura das perdas de recursos estaduais mediante a alocação de recursos federais. No caso das perdas de recursos municipais, a capacidade de alguns Municípios de pressionar os dirigentes centrais para reporem suas perdas está na dependência da articulação política desses dirigentes, sendo possível sua ocorrência, porém restrita para poucos.

No conjunto, observa-se que em todas as regiões devem ocorrer movimentos nas duas direções, predominando o processo de descentralização de recursos dos Estados para os Municípios, não ocorrendo processo de centralização. Nesse sentido, a criação do FUNDEB coloca na agenda a questão da municipalização da Educação básica, principalmente da creche, pré-escola e ensino fundamental. Alerta-se que, à primeira vista, a indução da municipalização pela via da restrição fiscal, que essa política pode suscitar, sem a devida coordenação por parte dos diversos entes federados, pode trazer sérios impactos nos resultados educacionais considerando-se os problemas na gestão local.

Por fim, a instituição do FUNDEB demandará grande quantidade de recursos para fazer face à complementação, pela União, assim como poderá acarretar transferência de recursos financeiros dos Estados para os Municípios. Se, por um lado, essa medida favoreceria a consolidação de um volume razoável de recursos para a Educação Básica, por outro poderia comprometer a capacidade de gasto dos Estados.

Considerações finais

Nestas considerações finais chama-se a atenção para alguns aspectos da capacidade de financiamento público do gasto em Educação, em 2000:

- a área de Educação é bastante importante no financiamento dos gastos públicos, cerca de 4,9% do PIB, reafirmando sua posição de constituir-se em um dos pilares da proteção social brasileira;
- a distribuição intergovernamental da capacidade financiamento do gasto é correspondente às competências específicas determinadas a cada esfera do Poder Público, revelando o caráter descentralizado das ações governamentais da área. Os Estados e Municípios são as instâncias federadas que mais se ocupam com a área, respondendo pela grande maioria do poder de financiamento e comprometendo parcela razoável de seus recursos não-financeiros; e
- a capacidade de financiamento do gasto na área convive de fato com dois tipos de financiamento, um que protege a área e outro incerto e flexível. O tipo protegido é responsável por 91,9% da capacidade de financiamento e os restantes são de responsabilidade da parte flexível.

Considera-se, também que vincular recursos de impostos é a medida política de maior peso na mobilização de meios para o cumprimento das responsabilidades do poder público na área de Educação. Neste sentido, apesar da opinião da maioria dos economistas sobre rigidez e engessamento na gestão orçamentária e financeira do governo, esse mecanismo é, de fato, uma forma de proteção à área de Educação que garantiu, mesmo nas crises econômicas mais graves, os valores mais expressivos para a área. Qualquer proposta para desvinculação de recursos comprometerá essa proteção e reduzirá os recursos para Educação.

Por outro lado, chama-se a atenção que qualquer modificação que venha ocorrer na estruturação tributária brasileira, principalmente se isso ocorrer no ICMS, vai atingir a Educação, dado o peso específico da área no esquema de financiamento público brasileiro.

Por fim, argumenta-se que um dos requisitos para que o Brasil possa continuar seu processo de expansão dos direitos relativos à universalização da Educação Básica com qualidade e a expansão da Educação Superior, é o equacionamento da questão do financiamento. Nesse sentido, contrariamente ao que está sendo ventilando na discussão da reforma tributária, o que se faz necessário é justamente a ampliação dos recursos para Educação, de forma a permitir o enfrentamento dos problemas educacionais brasileiros, sobretudo no que tange à qualidade da Educação. Além disso, a demanda por Educação vem crescendo em todos os níveis e modalidades de ensino, tanto pelo desejo das famílias e dos próprios estudantes, quanto pelas exigências de mais conhecimento e competências num mundo competitivo e globalizado.

Notas

[1] Atualmente, sob a denominação Desvinculação das Receitas da União (DRU), o Governo Federal desvincula de órgãos, fundos ou despesas do governo 20% da arrecadação de impostos e contribuições da União. Determina, ainda, que não haverá redução na base de cálculo para as transferências de recursos para Estados, Distrito Federal e Municípios, bem como para fundos constitucionais do Norte, Nordeste e Centro-Oeste.

[2] Esse tipo de financiamento público, no caso da União, é constituído de recursos provenientes das Contribuições Sociais que financiam principalmente os programas de Assistência ao Educando, operações de crédito realizadas com organismos internacionais, pelos recursos diretamente arrecadados, principalmente pelas Ifes, e por recursos de convênios, entre outros. No caso de Estados e Municípios, é composto pelas operações de crédito realizadas com organismos nacionais e internacionais, por recursos diretamente arrecadados, convênios e demais fontes.

[3] A LDB de 1996, em seu Art. 68, item III, manteve a existência do Salário-Educação, e, a Lei 9.424/96, em seu Art. 15, reiterou a alíquota de 2,5% sobre a folha de pagamentos dos empregados. No que diz respeito à arrecadação, verifica-se historicamente que cerca de 40% é realizada pelo INSS e os outros 60%, pelo SME, representando a forma de arrecadação mais utilizada pelas empresas. A expansão da arrecadação pelo SME também possibilitou a expansão das aplicações no mercado financeiro, cujos rendimentos transformavam-se em recursos do FNDE. Essa aplicação de recursos foi regulamentada pela Lei 9.766/98, quando em seu Art. 6° prevê que as disparidades financeiras dos recursos do FNDE, inclusive o Salário-Educação, podem ser aplicados. Na distribuição dos recursos, os mecanismos de decisão são automáticos, e, estabelecidos no aparato institucional, uma quota estadual de 2/3 do valor arrecadado é transferida automaticamente a cada Unidade da Federação. Os restantes 1/3 (quota federal) são destinados ao FNDE, para serem gastos em programas de livre iniciativa do MEC voltados para o ensino fundamental.

[4] A legislação Constitucional estabeleceu um teto mínimo, ou seja, um delimitador inferior, o que não quer dizer que os dirigentes não possam gastar mais do que esse valor.

[5] Para tanto, considera-se a existência do Fundo de Manutenção e Desenvolvimento do Ensino Fundamental e de Valorização do Magistério (FUNDEF). Este fundo propiciou o reordenamento federativo dos recursos destinados ao Ensino Fundamental, principalmente entre Estados e Municípios. Prevaleceu a descentralização de recursos entre esses entes, de modo que um conjunto de Estados perdeu recursos em favor dos Municípios. Em 2000, essa perda foi da ordem de R$ 2,2 bilhões.

[6] De acordo com Pinto (2000), "a vinculação constitucional de recursos financeiros para a Educação, iniciada em 1934, revogada pela Constituição da ditadura do

Estado Novo (1937) e retomada pela Constituição de 1946 (que em seu Art.169, aumenta para vinte por cento o comprometimento dos Municípios e incorpora a expressão, atualmente em uso, 'manutenção e desenvolvimento do ensino'), para ser revogada novamente em 1967, já em plena ditadura militar".

[7] Em evento realizado na Câmara dos Deputados, denominado "Debate Público em Defesa dos Recursos destinados à Educação", reuniram-se representantes do Conselho Nacional dos Secretários de Educação (CONSED), União Nacional dos Dirigentes Municipais de Educação (UNDIME), Organização das Nações Unidas para a Educação, Ciência e Cultura (UNESCO), Conselho de Reitores das Universidades Brasileiras (CRUB), Confederação Nacional dos Trabalhadores em Educação (CNTE), Campanha Nacional pelo Direito à Educação (CNDE), Associação Nacional dos Dirigentes de Instituições Federais de Ensino Superior (ANDIFES), Associação Brasileira de Universidades Estaduais e Municipais (ABRUEM), entre outras entidades e associações representadas.

[8] Isto porque o escopo e escala de cobertura dos bens e serviços sociais que podem ser ofertados mediante Políticas Educacionais pelo Estado estão diretamente relacionado às condições econômicas estruturais e conjunturais que determinam a disponibilidade de recursos e ao arranjo político de uma sociedade, pois é justamente a tensão entre o arranjo político e a escassez de recursos que define opções de ação, direção e cobertura financeira às ações sociais do Estado que resultam no Gasto Público Social.

Referências Bibliográficas

AFONSO, J. R..e ARAUJO, É. A Capacidade de Gasto dos Municípios Brasileiros: Arrecadação Própria e Receita Disponível". BNDES. Junho de 2001.

ARAUJO, É. INFORME-SE. "Carga tributária - evolução histórica: uma tendência crescente". Banco Federativo (http://www.federativo.bndes.gov.br). N°29 - BNDES - Julho 2001.

ARAUJO, É. e OLIVEIRA, P. INFORME-SE. "Tributação Municipal - Desigualdades na Carga Tributária Local (1996)". Banco Federativo (http://www.federativo.bndes.gov.br). N°15 - BNDES - Julho 2000.

BOLETIM CONJUNTURAL TRIMESTRAL. IPEA, N° 52. Janeiro/2001

CASTRO, J. e SADECK, F. Capacidade de financiamento do gasto público em Educação no Brasil. Brasília, 2002. (TD 955)

COTEPE. Comissão Técnica Permanente do ICMS. Conselho Nacional de Política Fazendária - CONFAZ. Ministério da Fazenda. http://www.fazenda.gov.br/confaz/Cotepe/index.html. Rosemberg.

IBGE. Dados do Censo Demográfico. www.ibge.gov.br. 2000.

INEP/MEC. Instituto Nacional de Estudos e Pesquisas Educacionais. Ministério da Educação. www.inep.gov.br. Censo Escolar 2000.

PINTO, J. M. R. Os recursos para Educação no Brasil no contexto das finanças públicas. Brasília: Plano Editora, 2000.

PNAD. Pesquisa Nacional por Amostra de Domicílios. Notas Metodológicas. IBGE. 1999.

PNE. Plano Nacional de Educação. Brasília. 1998.

ANEXO 1
PEC – Proposta de Emenda Constitucional

Altera o Sistema Tributário Nacional e dá outras providências.

Art. 1º Os artigos da Constituição a seguir enumerados passam a vigorar com as seguintes alterações:

"Art. 150.

....

§ 6º Qualquer subsídio ou isenção, redução de base de cálculo, concessão de crédito presumido, anistia ou remissão relativos a impostos, taxas ou contribuições só poderá ser concedido mediante lei específica, federal, estadual ou municipal, que regule exclusivamente as matérias acima enumeradas ou o correspondente tributo ou contribuição.

.... " (NR)

"Art. 153.

....

VII - grandes fortunas.

.... " (NR)

"Art. 155.

....

IV - propriedade territorial rural.

§ 1º ....

IV - será progressivo e terá alíquotas definidas em lei complementar.

§ 2º ....

I - será não-cumulativo, compensando-se o que for devido em cada operação relativa à circulação de mercadorias ou prestação de serviços com o montante cobrado nas anteriores, pelo mesmo ou outro Estado ou pelo Distrito Federal, conforme definido em lei complementar;

II - a não-incidência, salvo determinação em contrário da legislação:

....

IV - resolução do Senado Federal, de iniciativa do Presidente da República, de um terço dos senadores ou de um terço dos governadores, aprovada por três quintos de seus membros, estabelecerá as alíquotas aplicáveis às operações e prestações, internas e interestaduais;

2

V - terá alíquotas internas uniformes em todo o território nacional, por mercadoria, bem ou serviço, em número máximo de cinco, observado o seguinte:

a) o regulamento de que trata o inciso VIII definirá a quais mercadorias, bens ou serviços serão aplicadas;
b) a menor alíquota será aplicada aos gêneros alimentícios de primeira necessidade definidos em lei complementar e aos bens, mercadorias e serviços definidos no regulamento de que trata o inciso VIII, prevalecendo sua aplicação mesmo nas operações interestaduais;

c) à exceção da alíquota prevista na alínea "b", não poderão ser inferiores à maior alíquota estabelecida para operações e prestações interestaduais;
d) aplicam-se às operações a que se refere o inciso IX, "a";

VI - relativamente a operações e prestações interestaduais, será observado o seguinte:

a) o imposto será cobrado no Estado de origem, ressalvadas as hipóteses excepcionais previstas em lei complementar;
b) caberá ao Estado de origem o imposto correspondente à aplicação da alíquota interestadual, não compreendendo, em sua base de cálculo, o montante do imposto sobre produtos industrializados, quando configure fato gerador dos dois impostos, nem o montante de imposto devido na forma da alínea seguinte;
c) caberá ao Estado de localização do destinatário o imposto correspondente à diferença entre o montante que seria devido na operação ou prestação caso fosse interna, incluído o imposto sobre produtos industrializados em sua base de cálculo, e aquele devido pela aplicação da alíquota interestadual referido na alínea anterior;
d) nas operações com energia elétrica e petróleo, inclusive lubrificantes, combustíveis líquidos e gasosos dele derivados, será aplicada a alíquota interna e o imposto devido caberá integralmente ao Estado de localização do destinatário;
e) a lei complementar definirá a forma como o imposto devido a que referem as alíneas "c" e "d" será atribuído ao respectivo Estado de localização do destinatário e poderá vedar que esse imposto seja objeto de compensação com o montante cobrado nas operações e prestações anteriores e condicionar o aproveitamento do crédito fiscal a ele concernente para compensação com o montante devido nas operações e

prestações seguintes ao seu pagamento;

f) somente será considerada interestadual a operação em que houver a efetiva saída de mercadoria ou bem do Estado de onde se encontrem para o Estado de localização do destinatário, assim considerado aquele onde ocorrer a entrega da mercadoria ou bem;

VII - não será objeto de isenção, redução de base de cálculo, crédito presumido ou qualquer outro incentivo ou benefício fiscal ou financeiro que implique sua redução, exceto para atendimento ao disposto no art. 170, IX, hipótese na qual poderão ser aplicadas as restrições previstas na alíneas "a" e "b" do inciso II;

VIII - terá regulamento único, editado pelo órgão colegiado de que trata o inciso XII, "g", sendo vedada a adoção de norma autônoma estadual;

IX - ....

a) sobre a entrada de bem ou mercadoria importados do exterior, a qualquer título, por pessoa física ou jurídica, ainda que não seja contribuinte habitual do imposto, qualquer que seja a sua finalidade, assim como sobre o serviço prestado no exterior, cabendo o imposto ao Estado onde estiver situado o domicílio ou o estabelecimento do destinatário da mercadoria, bem ou serviço;

....

X - ....

a) sobre operações que destinem mercadorias para o exterior, nem sobre serviços prestados a destinatários no exterior, assegurado o aproveitamento ou a manutenção do montante do imposto cobrado nas operações e prestações anteriores;

....

XI - a instituição por lei estadual limitar-se-á a estabelecer a exigência do imposto;

XII - ....

a) definir fatos geradores e contribuintes do imposto;

....

f) prever casos de manutenção de crédito, relativamente à remessa para outro Estado, de serviços e de mercadorias;

g) dispor sobre as competências e o funcionamento do órgão colegiado integrado por representante de cada Estado e do Distrito Federal;

h) definir os combustíveis e lubrificantes sobre os quais o imposto incidirá uma única vez, qualquer que seja a sua finalidade;

i) definir as bases de cálculo, de modo que o montante do imposto as integre, inclusive nas hipóteses do inciso IX;

j) prever regimes especiais ou simplificados de tributação, inclusive para atendimento ao disposto no art. 170, IX;

l) prever sanções aplicáveis aos Estados e ao Distrito Federal, ou aos seus agentes, por descumprimento da legislação do imposto, especialmente do disposto no inciso VII.

....

§ 4º ....

....

II - nas operações interestaduais, com gás natural e seus derivados, e lubrificantes e combustíveis não incluídos no inciso I deste parágrafo, o imposto será repartido entre os Estados de origem e de destino, mantendo-se a mesma proporcionalidade que ocorre nas operações com as demais mercadorias;

....

§ 6º O imposto previsto no inciso IV:

I - será regulado por lei complementar, sendo vedada a adoção de norma autônoma estadual;

II - será progressivo e terá alíquotas fixadas de forma a desestimular a manutenção de propriedades improdutivas;

III - não incidirá sobre pequenas glebas rurais, definidas em lei, quando as explore, só ou com sua família, o proprietário que não possua outro imóvel;

IV - será considerado instituído em todos os Estados e no Distrito Federal na data prevista na lei complementar de que trata o inciso I." (NR)

4

"Art. 156.

....

§ 2º ....

....

III - poderá ser progressivo em razão do valor do imóvel;

IV - poderá ter alíquotas diferentes de acordo com a localização e o uso do imóvel.

.... " (NR)

"Art. 158.

....

II - cinqüenta por cento do produto da arrecadação do imposto do Estado sobre a propriedade territorial rural, relativamente aos imóveis neles situados;

....

Parágrafo único. As parcelas de receita pertencentes aos Municípios, mencionadas no inciso IV, serão creditadas conforme critérios definidos em lei complementar." (NR)

"Art. 159.

I - do produto da arrecadação dos impostos sobre renda e proventos de qualquer natureza e sobre produtos industrializados, quarenta e nove por cento na seguinte forma:

....

d) dois por cento, destinado a fundo nacional de desenvolvimento regional, para aplicação em regiões menos desenvolvidas do País, nos termos da lei;

....

§ 3º Os Estados entregarão aos respectivos Municípios vinte e cinco por cento dos recursos que receberem nos termos do inciso II, observados os critérios estabelecidos na lei complementar a que se refere o art. 158, parágrafo único." (NR)

"Art. 195.

....

IV - movimentação ou transmissão de valores e de créditos e direitos de natureza financeira.

....

§ 12. A lei que instituir, em substituição total ou parcial da contribuição incidente na forma do inciso I, "a", do *caput*, contribuição específica incidente sobre a receita ou faturamento definirá a forma da sua não-cumulatividade.

§ 13. A lei definirá os setores de atividade econômica para os quais a contribuição incidente na forma do inciso I, "b", do *caput*, será não-cumulativa.

5

§ 14. A contribuição prevista no inciso IV do *caput:*

I - terá alíquota máxima de trinta e oito centésimos por cento e mínima de oito centésimos por cento, facultado ao Poder Executivo reduzi-la ou restabelecê-la, total ou parcialmente, nas condições e limites fixados em lei;

II - não se sujeita ao disposto no art. 153, § 5º.

§ 15. Na hipótese do § 9º, a alíquota da contribuição de que trata o inciso I, "c", deste artigo, aplicável ao lucro das instituições referidas no inciso art. 192, I, não poderá ser inferior à maior das alíquotas previstas para as entidades a elas equiparadas e para as demais empresas." (NR)

"Art. 203.

....

Parágrafo único. A União instituirá programa de renda mínima destinado a assegurar a subsistência das famílias de baixa renda, a ser financiado solidariamente e realizado por meio de convênio com os Estados, o Distrito Federal e os Municípios, na forma da lei complementar." (NR)

Art. 2º O art. 76 do Ato das Disposições Constitucionais Transitórias passa a vigorar com a seguinte redação:

"Art. 76. É desvinculado de órgão, fundo ou despesa, no período de 2003 a 2007, vinte por cento da arrecadação da União de impostos, contribuições sociais e de intervenção no domínio econômico, já instituídos ou que vierem a ser criados no referido período, seus adicionais e respectivos acréscimos legais.

§ 1º O disposto no *caput* deste artigo não reduzirá a base de cálculo das transferências a Estados, Distrito Federal e Municípios na forma dos arts. 153, § 5o; 157, I; 158, I e II; e 159, I, "a" e "b", e II, da Constituição, bem como a base de cálculo das destinações a que se referem o art. 159, I, "c" e "d", da Constituição.

.... " (NR)

Art. 3º Ficam acrescentados os seguintes artigos ao Ato das Disposições Constitucionais Transitórias:

"Art. 90. A lei complementar que disciplinar o imposto previsto no art. 155, II, da Constituição, com a redação dada por esta Emenda, disporá sobre o regime de transição, observado o seguinte:

I - para efeito de aplicação do disposto no art. 155, § 2º, VI, "c", da Constituição, com a redação dada por esta Emenda, poderá prever a implantação gradual, por mercadoria, bem ou serviço, dessa exigência, no decurso do prazo de dois anos, contados do início da exigência do imposto na forma dada por esta Emenda;

II - fixará prazos máximos de vigência para incentivos e benefícios fiscais, definindo também as regras vigentes à época da concessão, que permanecerão aplicáveis;

III - poderá criar fundos ou outros mecanismos necessários à consecução da transição.

Parágrafo único. Na hipótese do inciso I, relativamente às operações e prestações interestaduais para as quais não se estabelecer a referida exigência, poderão ser mantidos os tratamentos previstos no art. 155, § 2º, VII, VIII e XI, da Constituição, com a redação anterior a esta Emenda." (NR)

"Art. 91. Relativamente ao imposto previsto no art. 155, II, da Constituição, para efeito de aplicação do disposto no inciso IV, § 2º, do mesmo artigo, com a redação dada por esta Emenda, até que nova resolução seja editada, ficam mantidos os percentuais estabelecidos para as alíquotas interestaduais vigentes na data da promulgação desta Emenda." (NR)

"Art. 92. Fica vedada, a partir da promulgação da presente Emenda, a concessão ou prorrogação de isenções, reduções de base de cálculo, créditos presumidos ou quaisquer outros incentivos ou benefícios fiscais ou financeiros relativamente ao imposto de que trata o art. 155, II, da Constituição." (NR)

"Art. 93. Enquanto não iniciar a exigência da contribuição social prevista no art. 195, IV, da Constituição, permanecerá em vigor a Lei nº 9.311, de 24 de outubro de 1996, e suas alterações, e a contribuição provisória por ela instituída manterá a alíquota de trinta e oito centésimos por cento.

Parágrafo único. A contribuição prevista nº art. 195, IV, observará o disposto nº art. 85 do Ato das Disposições Constitucionais Transitórias." (NR)

Art. 4º Os incisos I, II, IV, V, VI, VII, VIII, IX, X, XI e XII do § 2º e o inciso II do § 4º do art. 155 da Constituição, com a redação dada por esta Emenda, somente produzirão efeitos na data definida na lei complementar de que trata o inciso XII do § 2º do mesmo artigo, observando a redação dada por esta Emenda.

Art. 5º O inciso IV e o § 6º do art. 155 da Constituição, com a redação dada por esta Emenda, somente produzirão efeitos a partir de 1º de janeiro do ano subseqüente ao da promulgação da lei complementar de que trata o inciso I do § 6º do mesmo artigo.

Art. 6º Ressalvado o disposto nos arts. 4º e 5º, esta Emenda entra em vigor em 1o de janeiro do ano subseqüente ao de sua promulgação.

Art. 7º Ficam revogados:

I - o inciso I do art. 161 da Constituição e o inciso II do § 3º do art. 84 dos Atos das Disposições Constitucionais Transitórias;

II - a alínea "e" do inciso XII do § 2º e o inciso III do § 4º do art. 155 da Constituição, a partir da produção dos efeitos dos dispositivos a que se refere o art. 4º;

III - o inciso VI e o § 4º do art. 153 da Constituição, a partir de 1º de janeiro do ano subseqüente ao da promulgação da lei complementar de que trata o art. 155, § 6º, I, da Constituição, com a redação dada por esta Emenda.

Brasília,

ANEXO 2
Exposição de Motivos
E.M.I. nº 84/MF/C.Civil

Em 30 de abril de 2003.

Excelentíssimo Senhor Presidente da República,

Submetemos à apreciação de Vossa Excelência a inclusa Proposta de Emenda Constitucional que altera o Sistema Tributário Nacional e dá outras providências.

O tema "Reforma Tributária" tem sido recorrente nos debates nacionais, do ponto de vista do plano político, econômico ou social brasileiro, sem, entretanto, lograr-se êxito na efetivação das mudanças almejadas para a simplificação e a racionalização do Sistema Tributário Nacional.

Todavia, está claro que o Brasil necessita dessa reforma estrutural para elevação de sua eficiência econômica, estimulando a produção, o investimento produtivo e a geração de emprego e de renda.

Na busca da efetiva realização dessa reforma, foram desenvolvidos diversos debates sobre o tema, especialmente no âmbito do Conselho de Desenvolvimento Econômico e Social, que congrega cidadãos atuantes da sociedade civil organizada e, também, com representações dos governos municipais e estaduais.

Há que se destacar o papel fundamental de todos os Governadores de Estado, que participaram ativa e construtivamente na concepção da proposta. A parceria dos Governadores com o Poder Executivo Federal foi essencial para que a presente proposta de Emenda verdadeiramente refletisse as demandas estaduais relativas à racionalização do Sistema Tributário Nacional.

Igualmente importante foi a participação das representações dos Municípios brasileiros, que contribuíram para o aperfeiçoamento da concepção do novo modelo e, em especial, da tributação desses Entes Federados.

Constitui-se, assim, em bases sólidas e democráticas, amplo e salutar fortalecimento federativo em torno das alterações a serem implementadas.

A partir desse conjunto de debates e do acordo sobre o tema obtido no Congresso Nacional, ao final do ano de 1999, produziram-se diagnósticos dos principais problemas a serem enfrentados e foram delineados os mecanismos necessários para o equacionamento de tais problemas, chegando-se a importantes convergências.

A presente proposta de reorganização do Sistema Tributário Nacional procura concretizar justamente o produto desses debates.

É certo que a reorganização desse Sistema é decisiva, da perspectiva das relações internas ou internacionais, para o bom funcionamento da economia e a melhor equação para as questões sociais, especialmente em decorrência do desenvolvimento da produção nacional.

No caso da seguridade social, a contribuição sobre a folha de salários tem se apresentado como um encargo que não estimula o emprego formal. Portanto, impõe-se mudar a lógica de financiamento da seguridade social para estimular a formalização das relações de trabalho, incentivando os setores que empregam mais trabalhadores e contribuindo, até mesmo, para torná-los mais competitivos.

A minoração da regressividade do sistema impositivo deverá resultar da ampliação e do aprimoramento da tributação direta, especialmente, pela progressividade que lhe está sendo conferida. No caso dos tributos indiretos, esse processo se dará pelos mecanismos de seletividade, observando-se a redução do ônus para as populações de baixa renda, mediante redução da carga tributária sobre os bens de consumo popular, em especial, sobre os gêneros alimentícios de primeira necessidade.

O novo modelo contemplará, também, a ampliação do universo de contribuintes, de forma a aumentar a distribuição do ônus tributário, com ênfase para a redução da evasão tributária e da informalidade. Nessa perspectiva, pode-se vislumbrar, inclusive, um redimensionamento das cargas tributárias individuais.

As mudanças no sistema de benefícios tributários também deverão contribuir para a ampliação da base impositiva e para o aumento do número de contribuintes, o que configurará grandes avanços para obtenção do equilíbrio concorrencial.

A maior eficiência será alcançada pela simplificação do sistema impositivo, reduzindo-se inclusive o custo do cumprimento das obrigações e do controle pelas administrações tributárias.

Reduzir a sonegação significa reduzir um dos mais injustos ônus sociais, pois com essa prática surge a competição desleal, trazendo vantagens econômicas para os sonegadores e reduzindo a competitividade dos bons contribuintes.

Não se pode olvidar também que o sistema tributário vigente sedimentou um nível de disponibilidade de receita para os entes federativos, o que torna inconveniente realizar uma reforma que reduza os níveis de arrecadação da União, dos Estados ou dos Municípios. Proceder à ruptura desse sistema poderia significar grandes transtornos à sociedade, inclusive pondo em risco a prestação dos serviços públicos.

Revela-se aí o desafio de mudar o modelo sem causar reduções nas receitas disponíveis e tampouco elevar a carga tributária total do País.

A superação desse desafio passa necessariamente pelo aumento da eficiência geral do sistema. Ou seja, arrecadar o mesmo, mas de forma mais justa, distribuída e eficiente, não causando impacto na disponibilidade dos entes federativos.

Adentrando ao detalhamento das mudanças propostas, temse, no que concerne ao imposto, de competência federal, incidente sobre as grandes fortunas, a eliminação da necessidade de regulamentação por lei complementar, equiparando-o, nesse aspecto, aos demais impostos que são regulamentáveis por lei ordinária.

Quanto ao imposto sobre a propriedade territorial rural (ITR), de competência federal, propõe-se transferi-lo para a competência dos Estados e do Distrito Federal, mantendo-se, porém, regulação por lei complementar. Tal medida objetiva permitir que a fiscalização, arrecadação e administração desse tributo sejam efetuadas pelos referidos entes federativos, que, por constituir a região geográfica em que se localiza o imóvel objeto da incidência, têm maior facilidade de controle da imposição.

A proposta contempla a determinação de sua progressividade, o que reforça a disposição constitucional de que o ITR deve desestimular a manutenção de propriedades improdutivas, sobretudo daquelas que possuam grandes extensões.

Ademais, permite o aprimoramento da utilização do imposto como instrumento efetivo de aplicação de políticas públicas relativas à ocupação de terras, uma vez que os Estados e o Distrito

Federal contam com estruturas fiscalizatórias e arrecadatórias fisicamente mais próxima dos imóveis rurais. Mantém, outrossim, a destinação de 50% (cinqüenta por cento) da arrecadação desse tributo para o Município de localização do imóvel.

Determina-se, também, a progressividade para o imposto sobre a transmissão causa mortis e doação de quaisquer bens ou direitos – ITCD, objetivando torná-lo mais gravoso em relação às operações que importem transmissões de patrimônio de maior vulto, bem como o disciplinamento de suas alíquotas por meio de lei complementar, que trará para o âmbito do Congresso Nacional a discussão da matéria, antes restrita ao Senado Federal.

No tocante ao imposto de competência estadual sobre operações relativas à circulação de mercadorias e sobre prestações de serviços de transporte interestadual e intermunicipal e de comunicação (ICMS), tem-se, atualmente, um quadro de grande complexidade da legislação. Cada um dos Estados mantém a sua própria regulamentação, formando um complexo de 27 (vinte e sete) diferentes legislações a serem observadas pelos contribuintes. Agrava esse cenário a grande diversidade de alíquotas e de benefícios fiscais, o que caracteriza o quadro denominado de "guerra fiscal".

Tais circunstâncias trazem prejuízos ao cumprimento das obrigações tributárias pelos contribuintes, dificultam a administração, a arrecadação e a fiscalização do imposto e remetem, ainda, a graves problemas econômicos, pois os diferentes tratamentos estabelecidos provocam, muitas vezes, desequilíbrios concorrenciais e insegurança na definição de investimentos.

Para reversão desse quadro, atentando para a preservação da competência estadual desse tributo, propõe-se a uniformização das legislações, com regulação do imposto exclusivamente por normas de caráter nacional. Assim, o ICMS passará a ser regulado por lei complementar e por regulamento editado por órgão colegiado composto por representantes dos Estados e do Distrito Federal, sendo vedada adoção de norma estadual autônoma.

No mesmo sentido, há proposição de uniformização das alíquotas do imposto, que serão em número máximo de cinco. O estabelecimento dos padrões nacionais de alíquota será prerrogativa do Senado Federal, cabendo ao já mencionado órgão colegiado dos Estados definir a que mercadorias, bens ou serviços elas serão aplicadas.

Atentando-se para a seletividade do imposto e buscando reduzir a regressividade de sua incidência, propõe-se a aplicação da menor alíquota para as operações com gêneros alimentícios de primeira necessidade, conforme definição em lei complementar. O órgão colegiado dos Estados poderá prever a aplicação dessa alíquota para outras mercadorias, bens ou serviços.

Mantém-se o sistema de alíquotas interestaduais, que determina o sistema misto de partilha do imposto relativamente a operações e prestações ocorridas entre remetente e destinatário localizados em diferentes Estados.

Para ampliar a eficiência de sua administração e arrecadação, propõe-se, para essas operações interestaduais, a cobrança na origem, inclusive da parcela de imposto que caberá ao Estado de destino das mercadorias, bens ou serviços. Desse modo, uniformiza-se a incidência relativamente ao contribuinte que efetua a operação ou prestação, sejam elas internas ou interestaduais.

Ressalte-se que a cobrança na origem não se confunde com a questão da partilha da receita (observância do princípio da origem, do destino ou misto). Essa definição sobre a cobrança diz respeito apenas ao local onde será exigido o imposto, mas não a quem se destinará o produto de sua arrecadação.

Em realidade, implementadas a unificação da legislação e a cobrança do imposto na origem, prepara-se a estrutura para se enfrentar a questão da partilha de receita entre os Estados de origem e de destino, possibilitando eventual alteração do atual sistema, que observa um princípio misto.

Também alinhada às diretrizes de uniformização e simplificação, está a proposta de vedação de concessão de benefícios e incentivos fiscais ou financeiros, que propiciará, especialmente, o fim da competição predatória entre os Estados e a melhoria da eficiência arrecadatória do ICMS.

Propõe-se, ainda, elevar-se à sede constitucional a desoneração das exportações, assegurando-se o aproveitamento ou a manutenção dos créditos relativos aos insumos dos produtos exportados, situação que atualmente está regulada em lei complementar.

Por fim, a transição para o novo modelo do ICMS será definida pela lei complementar, ficando vedadas, desde logo, a concessão ou a prorrogação de quaisquer benefícios ou incentivos fiscais ou financeiros atualmente existentes.

Para o imposto municipal incidente sobre a transmissão inter vivos, por ato oneroso, de bens imóveis ou de direitos sobre estes (ITBI), também se autoriza, expressamente, a sua progressividade em razão do valor do imóvel alienado, possibilitando ainda a aplicação de alíquotas diferenciadas em função da localização ou uso do imóvel.

A partir de solicitação de entidades representativas dos Municípios e tendo em conta as distorções provocadas pelo atual sistema de distribuição da participação dessas pessoas políticas na arrecadação do ICMS, propõe-se retirar da Constituição os critérios definidores do índice de participação, remetendo-se a fixação desses critérios à lei complementar.

Com vistas à promoção do desenvolvimento integrado e sustentado do País, propõe-se destinar dois por cento do produto da arrecadação do imposto de renda (IR) e sobre produtos industrializados (IPI) para um fundo nacional de desenvolvimento regional, que terá seus recursos aplicados na realização de uma política voltada ao crescimento de regiões ou zonas menos desenvolvidas do País.

O Brasil apresenta desequilíbrios regionais gravíssimos, sendo, portanto, necessários instrumentos que viabilizem a correção desse cenário, estabelecendo mecanismos que promovam um novo equacionamento das vantagens comparativas para a realização de investimentos produtivos.

Tal medida assume, então, primordial importância para promoção do equilíbrio regional, também propiciando a eliminação de instrumento pouco saudável à Federação, a denominada "guerra fiscal", incentivando o investimento e estimulando o crescimento das regiões e zonas menos desenvolvidas do País.

A presente proposta de Emenda Constitucional introduz, também, com a inserção do inciso IV ao art. 195, a contribuição sobre movimentação ou transmissão de valores e de créditos e direitos de natureza financeira, agora em caráter permanente, com o propósito de estabelecer a redução de sua alíquota no tempo, condicionada à instituição de fontes substitutivas de arrecadação, remanescendo alíquota mínima destinada, tão-somente, ao controle fiscal.

Todavia, para que a cobrança da Contribuição Provisória sobre Movimentação Financeira – CPMF, instituída pela Lei nº 9.311, de 24 de outubro de 1996, não sofra solução de continuidade, está sendo inserido o art. 93 no Ato das Disposições Constitucionais Transitórias, com o fito de assegurar a sua cobrança até que seja exigida a contribuição permanente retromencionada.

Outra relevante alteração no Capítulo da Seguridade Social reside na opção criada pelo § 12 do art. 195, que possibilitará a substituição, total ou parcial, da contribuição social sobre a folha de salários por outra que incida sobre receita ou faturamento, de forma não-cumulativa.

A medida contempla transformação histórica na forma de cobrança da contribuição previdenciária incidente sobre a folha de salários, mediante a redução da carga tributária sobre a geração de emprego, que é objetivo econômico e social a ser perseguido. Assim, auxiliará no processo de formalização das relações de trabalho e estimulará os setores que empregam mais trabalhadores.

O resultado para a economia é positivo, assim como deverá trazer ganhos importantes em termos de competitividade, uma vez que permitirá, também, a desoneração das exportações. O aumento do emprego formal, além de seu reflexo social positivo, poderá auxiliar na própria arrecadação da Previdência Social.

A inserção do parágrafo único no art. 203 traz a previsão, de cunho altamente social, de instituição, pela União, do programa de renda mínima, destinada a assegurar e manter a dignidade das famílias de baixa renda, mediante financiamento solidário e realização de convênios com os Estados, o Distrito Federal e os Municípios.

Por sua vez, a inserção do § 15 ao art. 195 contempla a fixação de alíquota mínima da contribuição social sobre o lucro, aplicável às instituições referidas no inciso I do art. 192 da Constituição, definindo que a mesma não poderá ser inferior à maior daquelas estabelecidas para as demais empresas.

A nova redação dada ao art. 76 do Ato das Disposições Constitucionais Transitórias amplia o prazo de vigência de uma norma relevante na condução da política econômica do Governo Brasileiro. Embora os indicadores da economia nacional estejam, hoje, bem melhores do que no passado, a cautela exige que se mantenha vigente tal comando até que as condições macroeconômicas e as incertezas do cenário internacional desapareçam.

Por fim, os art. 3º a 9º da presente proposta de Emenda Constitucional contemplam a forma de disciplinamento do regime de transição, a vigência dos dispositivos alterados ou inseridos e as revogações pertinentes.

Por esses motivos, em conformidade com as diretrizes traçadas por Vossa Excelência, encaminho proposta de Reforma Tributária que, mantendo a arrecadação nas três esferas de governo e fortalecendo a Federação, objetiva estimular a atividade econômica e a competitividade do País, através da racionalização e simplificação dos tributos, e promover a justiça social, desonerando as pessoas de menor renda e ampliando a progressividade do sistema.

Respeitosamente,

Antônio Palocci Filho
Ministro de Estado da Fazenda

José Dirceu de Oliveira e Silva
Ministro de Estado Chefe da Casa Civil
da Presidência da República

ANEXO 3
Reforma Tributária – Relatório do Conselho de Desenvolvimento Econômico e Social

Após a aprovação do relatório produzido no âmbito das reuniões dos Grupos Temáticos da Reforma Tributária, o qual já se encontra à disposição dos Conselheiros no Portal do CDES, o Conselho recomenda ao Presidente da República as seguintes sugestões, não incluídas no relatório.

1. Princípios

Sugestões

- Minimização dos efeitos de migração ou deslocamento da carga tributária entre diferentes atividades econômicas ou tipos de empresa.
- Aplicação de tributos exclusivos sobre cada base de cálculo, de forma a evitar a cumulatividade e proporcionar transparência ao contribuinte.

2. ICMS

Maior Grau de Aferição

- Princípio da aplicação do tributo com base no destino da mercadoria.

Sugestões

- Desoneração total do tributo para empresas exportadoras inscritas no regime especial (Simples).
- Demonstração do cálculo do imposto na venda a varejo, conferindo maior transparência para o contribuinte e estimulando a fiscalização do mesmo.
- Adoção de um imposto simplificado e único, tendo como justificativa a eliminação do IPI e do ISS, a fim de evitar a cumulatividade e as dificuldades operacionais.

3. Contribuição Previdenciária

Maior Grau de Aferição

- Mais forte incidência sobre o valor agregado em relação à folha de pagamento.

Sugestões

- Dissociação do orçamento da seguridade social das contas do Tesouro, passando a incorporar o orçamento da Previdência.
- Separação das contas da Previdência e da assistência social.

4. CPMF

Sugestões

- Incorporação da CPMF no sistema PIS/COFINS, a partir da implementação do COFINS não cumulativo.

5. Incidência Não Cumulativa das Contribuições

- Sugestões já incluídas no relatório.

6. Outros Temas

Sugestões

- Preocupação com a manutenção de parâmetros que garantam a competitividade na cobrança da Compensação Financeira pela Exploração Mineral.
- Instituição de um código de defesa do contribuinte e das estruturas de apoio que garantam sua aplicabilidade no sentido da preservação dos direitos dos contribuintes.
- Ampliação e incentivo ao controle público sobre a gestão fiscal, garantindo o exercício da cidadania fiscal como princípio de desenvolvimento econômico e social.
- Consolidação de uma legislação tributária simplificada e consistente, a fim de garantir sua efetividade e estabilidade.
- Definição de limites para a carga tributária sobre o produto interno bruto.
- Harmonização das alíquotas dos tributos, reduzindo a diferença entre a mínima e a máxima, a fim de evitar intervenção do poder público na discriminação do capital, do trabalho ou de setores ou artigos, exceto aqueles que possam causar dano à saúde, ao meio ambiente ou ao bem estar do cidadão.
- Ampliação das faixas de tributação do imposto de renda para as pessoas físicas, bem como aplicação de maior realismo na definição das despesas dedutíveis para pessoas físicas e jurídicas.
- Inclusão de dispositivos para aplicação de tratamento diferenciado aos ganhos de capital em renda fixa e renda variável.
- Inclusão no art. 5º da Constituição Federal o dever de informar ao fisco os dados necessários à cobrança dos tributos, nos termos da lei.

Deve ser disponibilizada para os Conselheiros a redação final da proposta de reforma tributária a ser submetida ao Congresso

Nacional, cujo projeto terá uma exposição de motivos redigida com atenção especial à clareza, no intuito de garantir a mais fiel interpretação da legislação. O mesmo procedimento deve ser aplicado à legislação complementar posterior.